洛阳博物馆

煌煌河洛的恒久魅力

丝路物语 书系

主编 李炳武

本册主编 曹岳森

西安出版社

图书在版编目（CIP）数据

煌煌河洛的恒久魅力：洛阳博物馆 / 李炳武主编
. — 西安：西安出版社, 2020.12（2024.4重印）
ISBN 978-7-5541-5091-7

Ⅰ. ①煌… Ⅱ. ①李… Ⅲ. ①博物馆—历史文物—介绍—洛阳 Ⅳ. ①K872.613

中国版本图书馆CIP数据核字（2020）第249557号

丝路物语 书系

煌煌河洛的恒久魅力

洛阳博物馆

HUANGHUANG HELUO DE HENGJIU MEILI
LUOYANG BOWUGUAN

本册主编： 曹岳森

出 版 人：	屈炳耀
主　 编：	李炳武
策划编辑：	李宗保　张正原
项目统筹：	张正原
责任编辑：	张正原
美术编辑：	李南江
责任校对：	王　瑜
责任印制：	尹　苗
出版发行：	西安出版社
社　　址：	西安市曲江新区雁南五路1868号影视演艺大厦11层
电　　话：	（029）85253740
邮政编码：	710061

印　　刷：	三河市华东印刷有限公司
开　　本：	787mm×1092mm　1/16
印　　张：	15.75
字　　数：	141千
版　　次：	2020年12月第1版
印　　次：	2024年4月第4次印刷
书　　号：	ISBN 978-7-5541-5091-7
定　　价：	78.00元

如有印刷、装订问题，本社负责另换。

序一

阅读文物 拥抱文明

郑欣淼

文物所折射出的恒久魅力，已为越来越多的人所认识。今天呈现在读者面前的这部"丝路物语"书系，就是这一魅力的具体体现。

"让收藏在博物馆里的文物、陈列在广阔大地上的遗产、书写在古籍里的文字都活起来。"（习近平语）党的十八大以来，习近平总书记担负着实现中华民族伟大复兴的历史重任，饱含着对传统文化的深厚感情，让文物活起来始终为其所关注、所思考。让文物活起来，就是深入挖掘文物的内涵，充分发挥文物的作用。中国文物是中华民族的文明印记和精神标识，是全体中国人乃至全人类的珍贵财富；它对于激发人民群众对中华优秀传统文化的了解、认同和热爱，坚定文化自信，汇聚发展力量等作用是不言而喻的。

近年来，一些优秀的文物类书籍、综艺节目、纪录片、文化创意产品等不断涌现，文化遗产元素成为国家外交的桥梁，文物逐渐成为"网红"并受到越来越多年轻人的青睐，这些都充分彰显着"让文物活起来"已逐渐从理念转化为行动，那些在历史长河中积淀下来的文物珍存正在不断走近百姓、融入时代、面向世界。

说到文物，不能不把眼光聚焦于丝绸之路。人类社会交往的渴望推动了世界文明间的相互交融和渗透，中华文明与亚、欧、非三大洲的古代文明很早就发生接触，相互影响，相互交流。直到1877年，德国地理学家李希霍芬在他的著作《中国——我的旅行成果》里首次提出了"丝绸之路"的概念。近半个世纪以来，随着丝绸之路考古发现和学术研究的不断深入，极大地开阔了人们的视野。特别是"一带一路"倡议的全面推进，丝绸之路研究更成为国际显学。在古代文明交流史上，丝绸之路无疑是极其璀璨的一笔。它承载着千年古史，编织着四方文明。也正因为丝绸之路无与伦比的历史积淀，形成了独特的历史文化遗产，其数量之大、等级之高、类型之丰富、序列之完整、影响之深远，都是世所公认的。神秘悠远的古代城址、波澜壮阔的长城关隘烽燧遗址、精美绝伦的艺术品、气势磅礴的帝王陵墓、灿若星辰的宫观寺庙、瑰丽壮美的石窟寺……数不清道不尽的文物珍宝，足以使任何参观者流连忘返，叹为观止。2014年，"丝绸之路：长安—天山廊道的路网"成功跻身《世界文化遗产名录》，使丝绸之路迎来了新的历史机遇，也对广大文化文物工作者提出了新的要求。

"让文物说话，把历史智慧告诉人们。"这是习近平总书记的谆谆嘱托。中华文化优雅如斯，如何让文物说话，飞入寻常百姓家，是当下无数文化界人士亟待攻坚的课题，亦是他们光荣的使命。客观来讲，丝绸之路方面的论著硕果累累，但从一般读者角度，特别是从当下文化与旅游结合角度着眼的作品不多，十分需要一套全面系统地介绍丝绸之路文物故事的读物。令人欣喜的是，西安出版社组织策划了这套颇具规模的"丝路物语"书系，并由李炳武先生担任主编，弥补了这一缺憾。李炳武先生曾经长期在文物文化领域工作，也主持过"中华国宝·陕西珍贵文物集成""长安学丛书"和《陕西文物旅游博览》等大型文物类图书的编纂工作，得到了业界的充分肯定；加之丛书的作者都是有专业素养的学者，从而保证了书稿的质量。

如何驾驭丝绸之路这样一个纵贯远古到当今、横贯地中海到华夏大地的话题，对于所有编写者来说，都是具有挑战性的。这套书的优点或者说特点，可以概括为以下几个方面：

这套书最大的一个优点，就是大而全。从宏观的视野，用简明的线条，对陆上丝绸之路的博物馆、大遗址等进行了全景式梳理，精心遴选主要文物及历史遗迹，将这些国宝的历史、艺术和科学价值在字里行间一一呈现。

丝绸之路文化遗产类型丰富，作者在文中并没有局限于文物本身的解读，还根据文物的特点做了大量的知识拓展，包括服饰的流变，宗教的传播，马匹的驯化，葡萄等水果的东传，纸张的发明和不断改进，医学的发展，乐器、绘画、雕刻、建筑、织物、陶瓷等视觉艺术的交互影响，等等。其中既有交往的结果，也有战争的推动。总体而言，这些内容是讲述丝绸之路时所不可或缺的内容，使读者透过文物认识了丝绸之路丰富的文化内涵。

值得称道的是，这套书采取探索与普及相结合的方式，图文并茂，力求避免学究气的艰涩笔调，加入故事性、趣味性，使文字更具可读性，达到雅俗共赏的目的。通过图书这一载体，能够使读者静静地品味和欣赏这些文物，传达出对历史的沉思和感悟，完善自己对文物、丝绸之路和文化的认知。读过这套书后，相信读者都会开卷有益，收获多多，文物在我们眼中也将会是另一番面貌。

我们有幸正处于坚持以人民为中心的改革发展伟大时代，每一件文物，都维系着民族的精神，让文物活起来，定会深入人心、蔚为大观。此次李炳武先生请我写序，初颇踌躇，披卷读来，犹如一场旅行，神游历史时空之浩渺无垠，遐思华夏文化之博大精深。兼善天下，感物化人历来是每一个中国知识分子的精神所属，若序言能为一部作品锦上添花，得而为普及民众的文物保护意识起到促进作用，何乐而不为？

是为序。

· 郑欣淼 ·
原中国文化部副部长、故宫博物院原院长、中华诗词学会会长、著名历史文化学者。

序二

丝路物语话沧桑

李炳武

2013年9月，中国国家主席习近平访问哈萨克斯坦时，在纳扎尔巴耶夫大学发表演讲，首次提出共同构建"丝绸之路经济带"的宏伟倡议。2014年6月，"丝绸之路：长安—天山廊道的路网"成功跻身《世界文化遗产名录》。

丝绸之路是世界上路线最长、影响最大的文化线路。丝绸之路是指起始于古代中国的政治、经济、文化中心——古都长安（今西安）连接亚洲、非洲和欧洲的古代陆上商业贸易路线。它跨越陇山山脉，穿过河西走廊，通过玉门关和阳关，抵达新疆，沿绿洲和帕米尔高原通过中亚、西亚和北非，最终抵达非洲和欧洲，向南延伸到印度次大陆。这条伟大的道路沟通了中国、印度、希腊三大文明，它是一条东方与西方之间经济、政治、文化进行交流的主要道路，促进了欧亚大陆不同国家、不同文明之间在商贸、宗教、文化以及民族等方面的交流与融合，为人类社会的共同发展和繁荣做出了卓越贡献。

公元前138年，使者张骞受汉武帝派遣从长安出发，出使月氏。13年中，他的足迹踏遍天山南北和中亚、西亚各地。在随后的2000多年间，无数商贾、旅人沿着张骞的足迹，穿越驼铃叮当的沙漠、炊烟袅袅的草原、飞沙走石的戈壁,来往于各国之间,带来了印度、阿拉伯、波斯和欧洲的玻璃、红酒、马匹,宗教、科技和艺术,带走了中国的丝绸、漆器、瓷器和四大发明,举世闻名的丝绸之路渐渐形成。

用"丝绸之路"来形容古代中国与西方的文明交流,最早出自德国著名地理学家李希霍芬1877年所著的《中国——我的旅行成果》一书。由于这个命名贴切写实而又富有诗意,很快得到学术界的认可,并风靡世界。

近年来,丝绸之路迎来了新的历史机遇,沿丝绸之路寻访探秘的人络绎不绝。发展丝路经济,研究丝路文明,观赏丝路文物成了新时代的社会热潮。中央文化产业发展专项资金资助项目"丝路物语"书系,便应运而生。在本书和读者见面之际,作为长安学研究者、"丝路物语"书系的主编,就该书的选题范围、研究对象、编写特色及意义赘述于下:

"丝路物语"书系,以"丝绸之路:长安—天山廊道的路网"遗产及相关博物馆为选题范围。该遗产项目的线路跨度近5000千米,沿线包括了中心城镇遗迹、商贸城市、聚落遗迹、交通遗迹、宗教遗迹和关联遗迹五类代表性遗迹以及沿途丰富的特色地理环境。共计包括三个国家的33处遗产点,其中吉尔吉斯斯坦境内3处,哈萨克斯坦境内8处,中国境内22处。属丝绸之路东段的重要组成部分,在丝绸之路交通与交流体系中具有独特的起始地位和突出的代表性。它形成于公元前2世纪,兴盛于公元6至14世纪,沿用至16世纪,连接了东亚和中亚大陆上的中原地区、河西走廊、天山南北与七河地区四个地理区域,分布于今中华人民共和国、哈萨克斯坦共和国和吉尔吉斯斯坦共和国境内。沿线遗迹或壮观巍峨,或鬼斧神工,或华丽精美,见证了欧亚大陆在公元前2世纪至公元16世纪之间人类文明进步的重要阶段,以及在这段时间内多元文化并存的鲜明特色。

"丝路物语"书系,每册聚焦古丝绸之路上的一座博物馆、一处古遗址或一座石窟寺,力求立体全面地展示丝绸之路上的历史遗存、人文故事和风土人情。这是一套丝绸之路旅游观光的文化指南,从中可观赏到汉代桑蚕基地的鎏金铜蚕,饱览敦煌石窟飞天的婀娜多姿,聆听丝路古道上的声声驼铃。古丝绸之路是人类文明的宝贵遗产,记录着社会的沧桑巨变,这也是一部启封丝路文明的记忆之书。

"丝路物语"书系,以阐释文物为重点。文物是中华民族的精神标识。"让收藏在博物馆里的文物、陈列在广阔大地上的遗产、书写在古籍里的文字都活起来。"这对于激发人民群众对中华优秀传统文化的了解、认同和热爱,坚定文化自信,汇聚发展力量不可小觑。

文物是不可再生的国之珍宝,从中可折射出人类文明的恒久魅力。对文化的认同感与归属感应当成为一种生活状态。我们从梳理丝绸之路沿线博物馆馆藏文物、石窟寺或大遗址为契机,从文化的立场阐释文物的历史意义,每篇文章涵盖了文物信息的描述、历史背景的介绍、文物价值的分享和知识链接等板块,在聚焦视角上兼顾学术作品的思想层与通俗作品的故事层双重属性,清晰地再现文物从物质性到精神性的深层转变,着力探讨文物作为一种精神力量对历史的思考。用时空线索描绘丝绸之路的卓越风华,为读者梳理丝绸之路的文化影响,以文物揭示历史规律,彰显更深层、更本质的文化自信,激发读者的民族自豪感。"丝路物语"书系以文物为研究对象,从中甄选国宝菁华,讲述它们的前世今生。试图让读者从中感受始皇地下军团的烈烈秦风,惊叹西汉马踏匈奴的雄浑奔放,仰慕大唐《阙楼仪仗图》的盛世恢宏,这是一部积淀文化自信的启智之作。

"丝路物语"书系,以互动可读为特色。在大众传媒多元数字化的背景下,综合运用现代科技的引进更能推动文化传播的演变进入一个崭新的领域,相契于文字的解读,更透出传统文化的深邃意蕴。为多维度营造文化解读的可能性,吸引更多公众喜欢文物、阅读文物,"丝路物语"可谓设计精良,处处体现出反复构思、创新的态度。设计重点关注视觉交流的层面,借助丰富的图像资料和多媒体技术大幅强化传统文化元素可视、可听、可观的直接特征,有效提升文化遗产多维度的观感效果。古人著书立说重字画兼备,"宣物莫大于言,存形莫善于画",所以由"图书"一词合称。本书系选用了大量专业文物图片,整体、局部、多角度展示,让读者在阅读文字之余通过精美的图片感受文化的震撼与感动,让读者更好地认知历史、感知经典,体验当代创新之趣。

"丝路物语"书系,以弘扬互利共赢的丝路精神为使命。"丝绸之路:长安—天山廊道的路网"在东亚古老的华夏文明中心和中亚历史悠久的区域性文明中心之间建立起长距离的交通联系，在游牧与定居、东亚与中亚等文明交流中具有重要意义，并见证了古代亚欧大陆人类文明与文化发展的主要脉络及若干重要历史阶段以及突出的多元文化特征，是人类进行长距离交通、商贸、文化、宗教、技术以及民族等方面长期交流与融合的文化线路杰出范例。

2000多年前，我们的先辈筚路蓝缕，穿越草原沙漠，开辟出联通亚欧非的陆上丝绸之路。这不仅是一条通商易货之道，更是一条文化交流之路。沿着古丝绸之路，中国将丝绸、瓷器、漆器、铁器传到西方，也为中国带来了胡椒、亚麻、香料、葡萄、石榴。沿着古丝绸之路，佛教、伊斯兰教及阿拉伯的天文、历法、医药传入中国，中国的四大发明、养蚕技术也由此传向世界。更为重要的是，商品和文化交流带来了观念创新。比如，佛教源自印度，在中国却发扬光大，在东南亚得到传承。儒家文化起源于中国，却受到欧洲莱布尼茨、伏尔泰等思想家的推崇。这是交流的魅力，互鉴的成果。这些各国不同的异质文化，犹如新鲜血液注入华夏文化肌体，使脉搏跳动更为雄健有力。古丝绸之路绵亘万里，延续千年，积淀了以和平合作、开放包容、互学互鉴、互利共赢为核心的丝路精神。

新时代、新丝路、新长安。2017年，习近平主席在"'一带一路'国际合作高峰论坛"上指出：古丝绸之路是人类文明的宝贵遗产。为让这些遗产、文物鲜活起来，西安出版社策划出版的"丝路物语"书系，承载着别样的期许与厚望，旨在以丝绸之路的隽永品格对话当代社会的文化建构,以高度的文化自觉唤醒当代社会的文化自信。

我们作为丝绸之路起点长安的文化工作者,更应该饱含对传统文化的深厚感情,自觉担负起实现中华民族伟大复兴的历史重任,充分运用长安学的最新研究成果,为保护、研究和传承人类文明的宝贵遗产尽心尽力,助推"一带一路"伟大事业的蓬勃发展。

精品力作是出版社的立身之本,亦是文化工作者的社会担当。"丝路物语"书系的出版,凝聚着众多写作和编辑人员的思考与汗水。借此,特别感谢郑欣淼部长的热情赐序;感谢策划人、西安出版社社长屈炳耀先生的睿智选题与热情相邀;感谢相关遗址、博物馆领导的支持和富有专业素养的学者和摄影人员的精心创作;更要感谢西安出版社副总编辑李宗保和编辑张正原认真负责、卓有成效的工作。

"丝路物语"书系的出版虽为刍荛之议、管窥之见,但西安出版社聆听时代声音、承担时代使命以及致力于激活文化遗产、传播中国声音的决心定将引领其走向更远的未来。

是为序。

· 李炳武 ·
陕西省文物局原副局长、陕西省文史馆原馆长、"长安学"创始人、陕西师范大学国际长安学研究院首任院长、三秦文化研究会会长、长安学研究中心主任、著名历史文化学者。

洛阳博物馆
北魏·泥塑佛面像

- 052 东王公西王母车马画像铜镜　蔡氏作镜佳且好
- 056 彩绘陶制百花灯　兰膏明烛　华镫错些
- 062 车马出行图壁画　车辚辚　马萧萧
- 068 熹平石经　第一部国家统编教材
- 072 白玉杯　何以解忧　玉杯冰心
- 078 金狮子　造型简练　憨态可掬
- 082 韩寿墓表　表不尽的魏晋风流
- 086 晋归义胡王金印　方寸之间　印证历史
- 090 高猛及其夫人元瑛墓志　千载之后所闻知
- 098 杨机墓出土女俑　千年后的风华

- 174 安菩墓出土文物　归根洛阳的安国来客
- 184 岑氏夫人墓伎乐俑　再现华丽传神的盛唐乐舞
- 190 彩绘骑马乐俑　大唐军乐动地来
- 198 长柄铜香炉　常伴七祖参禅经
- 204 长沙窑奔鹿纹执壶　小鹿乱撞入心怀
- 208 白居易故居遗址出土文物　一代诗王的宅院遗物
- 214 白釉珍珠地牡丹纹瓷枕　玉枕纱厨　半夜凉初透
- 220 瓷象棋　点子如点兵
- 226 汝瓷碗　烟雨天青　泥火传奇
- 230 王铎草书轴　全以力胜

目录

001 开篇词

002 嵌绿松石兽面纹铜牌饰
金玉共振的王朝先声

006 母鼓铜方罍
从陪嫁品到战利品

010 「齐侯宝盂」铜鉴
鉴证周齐联姻

014 兽面纹铜方鼎
雄都定鼎地 势据万国尊

020 铁芯玉带钩
腰间之至美

026 「王作」鼎
壮志却难酬

034 「吴王夫差」剑
不能身无佩剑

038 「邵伯虎」簋
勤勉辅政的身影

042 「王妊」簋
千载芳华 物是人非

048 「闐」字瓦当
关锁崤函

106 双人牵手女俑
手一握便是千年

110 永宁寺皇家造像
遗落的笑靥

122 含嘉仓刻铭砖
硬核入库凭证

128 诸道盐铁使印
古代官制论

134 恭陵美陶
如梦似幻

142 海兽葡萄纹铜镜
丝绸之路的馈赠

146 金银平脱鸾凤花鸟纹铜镜
极尽工巧 华美绝伦

152 「大秦景教宣元至本经」经幢
西方经典的大唐唱腔

158 唐齐国太夫人墓出土文物
金玉相辉的节度使夫人生活

170 瑞兽流云纹蚌形鎏金银盒
意趣方寸间

XIII

开篇词

丝路物语
洛阳博物馆

洛阳,立于天下之中、河洛之间,北依邙山,南望伊阙,东据虎牢,西控函谷,洛水贯其中;山河拱戴,形胜甲于天下。特殊的地理区域与根性的人文基因水乳交融,培育和滋养了中华文明的肇兴与成长,赋予了『天下之中』『王命正朔』的国家意识。吸纳与辐射、守正与创新,铸就了河洛文化的重要特征,也造就了河洛文化生生不息的生命力与丰富的内涵。拂去历史尘埃,数千年的文明在洛阳盆地积累、沉淀,给洛阳留下了数之不尽的历史文化遗产,并滋养了一座一流博物馆——洛阳博物馆。

嵌绿松石兽面纹铜牌饰

金玉共振的王朝先声

> 一件来自三千多年前的文物,融合了西来的冶金术,东传的镶嵌技术,并在二里头交流互鉴,碰撞出激烈的火花。

  1959年夏天,考古学家徐旭生先生来到洛阳偃师二里头村,唤醒了这片沉睡的土地,并向我们揭开了一个尘封已久的秘密。从这一刻起,许多在传说中未被证明的历史渐渐清晰起来。这片土地从此和中华文明的形成有了千丝万缕的关联。二里头的庄稼地下,埋着一座可容纳万人的城市,是4000年前东亚地区最大的聚落,这里就是史籍中夏王朝的都城——斟鄩。在六十年不间断的考古发掘中,一座座墓葬、一间间宫殿、一条条道路,不断揭示出中华文明起源的重重密码,也让夏王朝这个仅被记载于竹简帛书上的历史真实地展现在人们眼前。这件镶嵌绿松石铜牌饰就出土于二里头遗址。

嵌绿松石兽面纹铜牌饰

夏（约前2070—前1600）
河南省洛阳市偃师二里头村出土

镶嵌绿松石器，二里头遗址共出土了5件，一件圆形器、一件龙形器和三件铜牌饰。出土这件铜牌饰的墓葬随葬品十分丰富，出土了铜爵、铜铃、玉刀、漆盒、陶罐、镶嵌绿松石铜牌饰等。丰富的随葬品，证明了墓主人不凡的身份和地位。镶嵌绿松石铜牌饰被发现时位于墓主人胸部上方，绿松石铜牌两边共有四个纽孔，显然可用以系绳佩挂，这也暗示了绿松石铜牌佩戴的具体位置与方式。专家推测铜牌饰为巫仪的专用法器，承载着特殊功能的"礼器"，是神职人员的"专属用具"也是沟通人与神之间的媒介物。这类礼器由巫仪本人专用，不能转传他人，巫仪逝去，也会被带进墓葬。

绿松石铜牌饰整体呈盾牌状，以青铜铸成主体框架，上方用三百多片大小只有几毫米的绿松石小片镶嵌出兽面纹饰，而这兽面究竟刻画的是龙、是鹿、是鸮，至今还没有解开谜团。制作一件这样的镶嵌绿松石铜牌饰所需要的工艺相当烦琐和复杂。考古专家对铜牌饰进行了研究，认为在铜器上镶嵌绿松石，对青铜器的铸造和绿松石的磨制以及镶嵌技术都有极高的要求。

镶嵌绿松石铜牌饰的底托是铸造成型。从冶金术的发展史来看，铸造技术在中原地区的出现经历了一个漫长的过程。青铜冶铸技术从西亚地区诞生，对世界产生了重大影响。一直到公元前2000年左右，二里头的青铜铸造技术横空出世，它一改西北和北方地区以锻造技术为主，发展为复合范铸工艺，有力地推动了中华文明的发展进程。

绿松石作为一种天然玉石，从新石器时代早期开始，它的使用经历了从单体使用到复合使用的阶段，源自山东地区大汶口文化时期的镶嵌工艺经过龙山文化时代发展为镶嵌加粘嵌的复合工艺，为二里头文化绿松石铜牌饰的出现奠定了基础。二里头出土的镶嵌绿松石铜牌饰，对绿松石的加工工艺有着极高的要求，先将绿松石切割，打磨成小而薄且形制多样的小片，然后在青铜底托上进行镶嵌。

那么镶嵌绿松石用的黏着物是什么？据考古专家推测镶嵌绿松石用的黏着物，有可能是一种树胶，也有可能是漆或者桐油之类的物质。这件绿松石铜牌饰历经三四千年，出土时上方的绿松石片竟然没有一片松动和脱落，着实让人惊叹不已。

一件来自3700年前的文物，融合了西来的冶金术和东传的镶嵌技术，并在二里头交流互鉴，碰撞出激烈的火花。烈火中范铸的贵金属青铜，镶嵌本土崇尚的玉石绿松石，金玉共振的局面为我们开启了东亚青铜时代的大门，也开启了夏商时期礼器的金玉组合。《竹书纪年》中有对夏朝君王大禹的记载："首戴钩铃，胸有斗玉。""钩铃"属金，金与玉在历代民俗中均具有辟邪的功能，二者的组合强化了礼器的神力功能。相似的器物，之后在甘肃天水、四川三星堆都相继有出土。这是3000多年前中原、西北、西南的先民们，跨越千山万水相互往来的见证。它们也见证了多元文化的融合。如今这件代表了二里头文化时期青铜镶嵌技术最高水平的铜牌饰，与众多河洛文化瑰宝一道向我们诉说着华夏文明发展的进程。这件曾经见证过中国最早王朝的珍宝，也将继续见证着中华文明前进的步伐！

（王　萍）

母鼓铜方罍
从陪嫁品到战利品

> 它既反映出中国商代发达的酒文化，也体现出了古代工匠高超的青铜器铸造技艺。

在中国古代，有"无酒不成礼"的说法。酒是祭祀天地、礼仪交往、宴请宾客等活动的必备之物，所以，盛酒的酒器自然就成了礼器。在商代，人们将酒当成神圣之物，希望借助酒达到神思恍惚或极度兴奋的境界，这样可以更好地与神进行沟通。基于这一原因，商代的酿酒业相当发达。王公贵族为了追求奢华，显示财富，竞相制作各种精美的酒器。当时还出现了"长勺氏"和"尾勺氏"这样专门制作酒具的氏族，使得商代出现了种类繁多的青铜酒器，如罍、爵、觚、盉、壶、尊、卣等。在这些青铜酒器中，罍有着重要的地位。它象征着国家权力，体现出拥有者的高贵身份。

青铜罍分为方罍和圆罍两种，因为方罍比圆罍的结构复杂，制作难度

母鼓铜方罍

商（前1600—前1046）
通高50厘米，肩宽33厘米，重45斤
河南省洛阳市北窑西周墓地出土

大，所以使用者的等级很高。也正是因为制作难度大，因此数量也更为稀少，能够完整保存并流传至今的更是寥寥无几。

洛阳博物馆藏母鼓铜方罍铸造于商代晚期，有盖、直颈，肩部两侧各有一兽首衔环，腹部正背两面各装饰一浮雕兽首，腹部下方有一兽首形鋬，方圈足外撇。此罍的盖、颈、腹、足处均有八条纵向凸棱，盖为屋顶形，顶上有一纽。在它的盖子内部和器身内部口沿处铸有"母鼓"两个字，所以得名"母鼓铜方罍"。"母鼓"是鼓国的女子嫁给母氏通婚的称谓，说明这件母鼓铜方罍是商代贵族间通婚所使用的陪嫁品。

青铜罍出现在商代，之后铸造数量却大为减少，直到停造，其中的原因又是什么呢？这与周朝的"禁酒令"有关。据《尚书》记载，周灭商后，周公在洛阳制礼作乐，总结商代灭亡的原因就是其统治者沉湎于酒色。据说，商纣王喜欢饮酒，他命人凿地为池，在池中注酒，酒上行船。纣王与宠妃和大臣们在池中一边划船，一边饮酒作乐。他还大兴土木，花了七年时间建造了一座鹿台，将大量美女聚集在鹿台上，与她们饮酒狂欢长达七天七夜。商纣王的这些行为，成为商朝灭亡的重要原因。周朝建立后，统治者吸取商朝灭亡的教训，并颁布了我国最早的禁酒令——《酒诰》，禁止王公诸侯饮酒作乐。到了西周中期，青铜酒器的数量大为减少，方形青铜罍已经不见踪迹。

这件精美的母鼓铜方罍，出土的地点非常独特，20世纪60年代在洛阳北窑西周墓地中发现。一件商代的文物，为何会出现在西周的贵族墓葬

母鼓铜方罍（铭文）

之中呢？据考古工作者判断，这件母鼓铜方罍应该是西周的贵族在参与灭商的战斗中得来的战利品。这正符合了《孟子·梁惠王下》中"毁其宗庙，迁其重器"的记载，意思是说毁掉一个国家的宗庙，搬走他们的青铜重器，这些行为的发生，就是一个国家灭亡的重要标志。

青铜罍虽然是青铜文明时代的特定产物，但在后世依然引人注目。据史书记载，汉文帝的儿子梁孝王刘武喜欢收藏古物，其中就有一件青铜罍。刘武在临死前立下遗嘱："此罍价值万金，要好好收藏，切勿给予别人。"刘武的儿子刘买谨记父亲的遗训，对青铜罍珍爱有加。十年后，刘买去世，其子刘襄继承王位，成为梁平王。梁平王的王后知道府库中有一件价值连城的青铜罍，便心生贪念，想据为己有。刘襄的祖母李太后知道此事后，就对王后说："先王有遗命，不能把罍给你。府库中的其他物品可任意挑选。"李太后的这番话让王后非常不悦。而梁平王十分宠爱王后，他不听祖母李太后的劝阻，到府库中取出青铜罍，送给了王后。李太后闻讯后大怒。这件事导致了梁平王和王后对李太后的怨恨，对其很不孝顺。后来，皇帝知道了这件事，处罚了梁平王，并将王后处死。通过这个故事可以看出，青铜罍不仅在先秦时期是权力的标志，在秦之后的汉代也是非常珍贵的了。

（郭　荣）

"齐侯宝盂"铜鉴

鉴证周齐联姻

"盂"除用作酒食器或水器、浴器名称外,又可作为铜器的通用名称,更重要的是盂鉴是春秋时期周王与齐国的通婚凭证,对于研究周王室和齐国的联姻关系有着十分重要的意义。

  1957年修建洛阳中州渠时,"齐侯宝盂"铜鉴发现于孟津县平乐公社境内的邙山坡上,位于东周成周城附近。该铜鉴巨大雄伟,敛口、侈沿、鼓腹、圈足。身有四个对称的衔环兽耳,外饰两组布局匀称的环带纹,其波浪纹是由两条并列的弦纹组成,上下间填眉形和口形纹样,线条简略,美观大方。各兽耳形状相同,皆有三个首、身、足、尾。最上者昂头、竖耳、巨口,最下的头部有两个尖状触角,身带鳞甲,有四足,下尾卷曲作珥,形象生动活泼。这种有鳞有足之兽,疑为龙的形状。兽耳衔环上饰有窃曲纹,宝盂上腹内壁口沿处刻有铭文5行26字——"齐侯作朕(媵)子仲姜宝盂,其眉寿万年,永保其身,子子孙孙永保用之"。铭文排列整齐,字体清秀,

"齐侯宝盂"铜鉴

春秋（前770—前476）
高43.5厘米，口径75厘米，最大腹径207厘米，重75公斤
1957年河南省洛阳市孟津县出土

笔道纤细均匀，为成熟"玉箸体"落笔处有意弯曲，为我国古代书法艺术的佳品。这件铜鉴经过类型学分析，时代约为春秋晚期。

这件器物有哪些功用呢？《说文解字》中说，"鉴，大盆也"，有两耳或四耳以便于搬动。鉴主要有三种用途：第一，可以向铜鉴中注水照容；第二，容水量较大的鉴，可以沐浴；第三，古人在青铜鉴中置冰，用于冰镇食物或酒浆，供贵族在祭祀或消夏中使用。

铜铭文中的"朕"与"媵"通，"媵"，送也，有陪嫁之意。由铭文可知，宝盂是齐侯为他的女儿仲姜所做的陪嫁品，如此规模和其耳部立体龙兽的装饰纹样，并且又出于东周王城洛阳，所以齐侯之女应该是嫁给周王，但究竟是哪个周王呢？据《春秋左传》记载，春秋时期二百余年，齐姜女儿与周王通婚，仅见两次。一次是宣公六年（前603），"定王使子服求后于齐，冬，召桓公逆后于齐"。另一次是襄公十五年（前559），"春，官师从单清公，逆后于齐"。前者为春秋中期，后者为春秋晚期，正是"齐侯宝盂"所铸时代。铜鉴铭文中所指齐侯的女儿仲姜就应该是周灵王之后，而铭文中所指齐侯为齐灵公。"齐侯宝盂"铜鉴的制作年代，应在周灵王求婚并得到齐侯许婚之后，把仲姜接回洛阳这段时间，即公元前561年至前559年。

"齐侯宝盂"铜鉴的发现，首先为青铜器本身的研究提供了一件能够断定年代的标准器。同时，铜器铭文自名为"盂"尚属首次发现，再一次力证"盂"除用作酒食器或水器、浴器名称外，又可作为铜器的通用名称，更重要的是盂鉴是春秋时期周王与齐国的通婚凭证，对于研究周王室和齐国的联姻关系有着十分重要的意义。恩格斯指出:"对于骑士和男爵以及王公本身,结婚是一种政治行为,是一种借新的联姻来扩大自己势力的机会。"周天子为维护政治统治地位,利用宗法婚姻制度,与同姓或异姓诸侯之间皆建立了血缘亲戚关系。

周平王东迁洛邑后,政治地位日益衰落,周天子渐渐名存实亡,无法有效控制封地诸侯,特别是异姓诸侯与周天子关系日益疏远。在这种历史背景下,周齐之间的联姻急剧减少,春秋时期齐国与周王的联姻史料仅有两次记载,而此次"周灵王求后于齐"的婚事,齐国也并不是一开始就欣然同意,后经齐大夫晏桓子提醒,"无女而有姊妹,及姑姊妹",齐灵公才勉强地同意。周王得到了齐侯的许婚之后,专派使者到齐国褒奖:"率舅氏之典……敬之哉无废朕命。"从一个侧面反映了周王室的衰微和奴隶制的衰落。

春秋中晚期,周齐之间两次婚姻,双方要达到的政治目的十分明显,对于力量微弱的周王室,在政治、经济、军事等各方面都要依赖于强大齐国,从而使自己免于在大国争霸中被灭掉的危险。对于齐国而言,虽然周天子日暮西山,但是通过联姻,可以提升自身的政治地位,于是首先提出了"尊王攘夷"的口号,以达到称霸的目的。从齐侯应允许婚,到周天子的赞赏、感激,春秋晚期周齐联姻的实质暴露无遗。洛阳博物馆珍藏的这件"齐侯宝盂"铜鉴,无意中揭开了一段尘封两千多年的历史,其中曲折的联姻故事,至今仍令人感叹和深思。

(魏 薇)

兽面纹铜方鼎

雄都定鼎地　势据万国尊

透过它，我们似乎可以听到时代进步的足音，感受到中原文化独特的神韵气魄和生命力依然长存在青铜艺术中。

鼎的出现大约在一万年前新石器时代的早期，是由远古时期陶制的食具演变而来的。许慎在《说文解字》里说："鼎，三足两耳，和五味之宝器也。"就是说它最初的作用是用来烹煮和盛贮肉类的器具。青铜器的发明是人类社会由野蛮迈入文明阶段的重要标志，而鼎则是我国青铜文化的典型代表。在距今 4500—4000 年龙山时代，古文献上记载人们已开始冶铸青铜器。司马迁曾说："昔三代之居，皆在河洛之间。"作为夏、商、周三代的王都，洛阳是最早进入青铜时代的地区之一。两周时期，洛阳是京畿之地，被称为成周和洛邑，其独特的政治、经济地位，使得在洛阳的两周考古发现中，青铜器占了很大的比重。在所有的青铜器中，鼎一直是人

兽面纹铜方鼎

西周（前1046—前771）
通高36厘米，长33厘米，口宽25厘米
1977年河南省洛阳市北窑西周贵族墓地出土

们祭祀活动中最常见、最神秘的礼器,它被视为传国重器,是国家、权力的象征。

1977年出土于洛阳北窑西周贵族墓地的兽面纹铜方鼎是洛阳博物馆馆藏青铜器珍品。它形体方正,上有双立耳,下承四柱足;长方形腹部四隅及每面正中有"F"形扉棱,腹部四面以云雷纹衬底,均饰主题兽面纹。兽面纹中部以扉棱为中心对称分隔,兽面上有两牛角,牛角内圆外尖,上饰有鱼鳞纹。角下突出二圆目,聚睛凝视,周边衬以卷云纹,两侧有叶形纹饰,似斜立双耳,拱口露齿,正面两侧还加饰有对称立夔纹;四柱足顶端同样饰浮雕兽面纹饰,整体做工精致、端正大方,体现了厚重、高贵的贵族风范,堪为同一时期同类器物中的佳作。

兽面纹又被称为饕餮纹,是商与西周时期在青铜器上装饰的主流纹饰,"饕餮"一词最早见于《吕氏春秋·先识》:"周鼎著饕餮,有首无身,食人未咽,害及其身,以言报更也。"自此,有首无身就成了饕餮纹的主要特征。"饕餮"是中国古代传说中的凶兽,它最大特点就是能吃。这种怪兽没有身体,是因为他太能吃而把自己的身体吃掉,只有一个大头和一张大嘴。它是贪欲的象征,所以常用来形容贪食或贪婪的人。后人对饕餮形象中贪吃的部分加以夸张,苏东坡就曾写过一篇《老饕赋》,"盖聚物之夭美,以养吾之老饕",为饕餮增添了可爱,喜好美食的朋友也被称作"饕餮族"。因此,凶猛、狰狞、诡秘的兽面看似恐惧,但并不可憎,统治者在这些恐怖狰狞的纹饰中寄托了他们全部的威严、意志、荣贵、幻想和希望。

兽面纹铜方鼎（侧面）

商周时期，原始宗教盛行，统治者正是需要利用人们的信仰来统治、巩固自己的王权与地位。贵族需要大型的祭祀活动来表达统治者与天神相通，而以鼎为代表的祭祀重器既可以表达贵族的地位，也可以从这些怪异的动物纹样来表达王权的神秘与威严。只有贵族可以拥有的重器，从形制和图案上看，庄重肃穆，以示王权地位。同时，统治者可以表达自己通天通神的地位，以饕餮的贪吃表达祭祀的食物是可以满足天神食用的。表达对天神的崇拜与敬畏，使人敬仰，达到约束人的精神、维护权力与财富的目的。

从装饰技法上看，兽面纹是此鼎主题纹饰，图案作阳线凸起，构图丰满，主纹两侧以富于变化的云雷纹填充，具有阴阳互补之美。而平面线刻所采用的高浮雕装饰，则使兽面纹、扉棱更加突出。同时，以突出的扉棱分隔兽面，也可以理解为兽面鼻梁，使画面的立体感更强，产生了极好的艺术效果。浅浮雕和高浮雕的交相使用，通体陪衬细致的云雷纹，纹饰繁缛富丽，层次分明，主次有度，凸显了饕餮纹的狞厉之美，表现出西周时期匠人极其精妙的构思与高超的制作工艺。那粗壮的四柱足，似乎任何力量都无法将它推倒。特别是它腹部那醒目的浮雕饕餮，巨眼凝视，阔口怒张，源自史前眼睛崇拜的双目，在青铜色泽的衬托下更平添了一种清冷沉寂的神秘感，仿佛在静止状态中积聚着无限紧张的力量，一瞬间就要迸发出凶猛的咆哮。这件极力表现狰狞恐怖的兽面纹方鼎仿佛把我们带到了那个充满宗教气息的年代，在那祭祀烟火缭绕的宗庙里，钟声锵锵，鼓声隆隆，象征国家王权的九鼎依次排列，从而达到天地人神间的沟通，让人得到上天和先祖的保佑。兽面纹方鼎以其"雄都定鼎地，势据万国尊"的崇高气势，展现着那个如火烈烈的时代精神和拥有者的王者之尊。

  鼎被作为王权的象征，始于4000年前的夏王朝。那么，鼎是如何从食器变为权力的象征呢？相传禹铸九鼎，以象九州，以后成为传国的重器、国家王权的象征。商周时期，统治者不遗余力要得到象征王权的九鼎，周武王灭商后，在商朝太庙中找到了传说中的九鼎，为了证明自己已经取得了合法统治权，他计划将九鼎运回周王朝的统治中心——镐京（今西安市长安区西北），可途经洛阳时，人们怎么也拉不动九鼎了。周武王暗思，此地曾是夏朝国都，商朝也曾定都于此，莫不是上天暗示我在此定都不成？于是，他下令将九鼎安置于洛阳，并定都洛阳。周武王病逝后，由年幼的成王即位，政务大事由武王的弟弟成王的叔叔周公旦辅佐。周成王根据周公的意见，下令在洛阳修建了一座宏伟壮丽的太庙安置九鼎，周王朝的统治在此时方走向了正轨。此后的洛阳与西部的镐京均成为周朝的都城，而洛阳市老城区定鼎路东侧的周公庙，庙中主要建筑定鼎堂，就是取周公辅佐"成王定鼎于郏鄏（西周初年洛阳名）"之意而得名的。历史上有名的"问鼎"故事就说明了鼎在当时的重要地位。公元前606年，楚庄王问周王朝特派大臣王孙满周九鼎的"大小轻重"，王孙满回答"周德虽衰，天命未改，鼎之轻重，未可问也"。意为周室衰败，楚王问鼎，藐视之意，后来以此比喻阴谋篡政夺权。楚庄王所问的周九鼎，就是国家社稷的宝物、统治权力的象征，占有它意味着占有王权，失去了它就意味着失去了王权，由此可见鼎在当时举足轻重的地位。

著名美学界专家李泽厚认为，鼎是中国青铜器中的核心代表，其装饰手法由象征到写实，其器物形态的变化和纹饰，所表现出的思想意识，都反映出人们对现实生活的肯定和对传统礼法的挣脱。从禹铸九鼎的传说，到西周时期鼎立天下的政治理想，这件庄重而神秘的兽面纹铜方鼎承载了太多的文化内涵。透过它，我们似乎可以听到时代进步的足音，感受到中原文化独特的神韵气魄和生命力依然长存的青铜艺术。

（李会玲）

铁芯玉带钩
腰间之至美

古人佩于腰间的小小带钩,绽放出诗意的生活与深刻的哲理,承载着中国传统的服饰之美、工艺之美以及文化之美。

这件铁芯玉带钩玉质色白带微黄,长弧形,前端为龙首形钩,末端为虎首。钩身处饰有细腻的卷云纹,背面有一圆形钩纽,钩纽上以网格纹衬底,同样饰有卷云纹。它由9块玉石组成,每块玉中心钻孔,以铁芯相连,中间的铁芯由于氧化,依稀可见深褐色的铁锈痕迹。

这种铁与玉的结合,从今天的工艺角度来看似乎并没有什么稀奇,但在两千多年前,它却是一件"高科技"产物。春秋战国时期,冶铁业日益发达,促使金属铁也与人们钟爱的玉有了更多的结合。大部分的铁玉结合都采用的是镶嵌工艺,而像铁芯玉带钩这类器物,铁芯位于玉块中间,而且玉块与铁芯之间衔接十分紧密,以当时的镶嵌技术水平较难实现。所以

铁芯玉带钩

战国(前475—前221)
长18.5厘米,宽2.5厘米,厚1.2厘米
1992年河南省洛阳市针织厂战国墓出土

有专家提出,可能采用了"浇铸"方式。由于要考虑铁的熔点和玉所能承受的最高温度,所以前期要做非常精准的设计和雕琢,在浇铸过程中可能还需要将玉加热到一定的温度后再将铁液注入,制作难度可见一斑。也许正因如此,虽然出土的春秋战国时期的玉质带钩较多,但铁芯玉带钩数量却十分有限。

带钩,其实就是古代贵族和文人武士所系腰带的挂钩,其作用相当于今天的"皮带扣"。关于带钩的起源,不少学者认为始见于新石器时代的良渚文化遗址。目前考古发现最早的带钩是金星村遗址出土的玉带钩,它整体以修整好的长方玉块切割钻磨而成,被认为是带钩制作的初始形态。

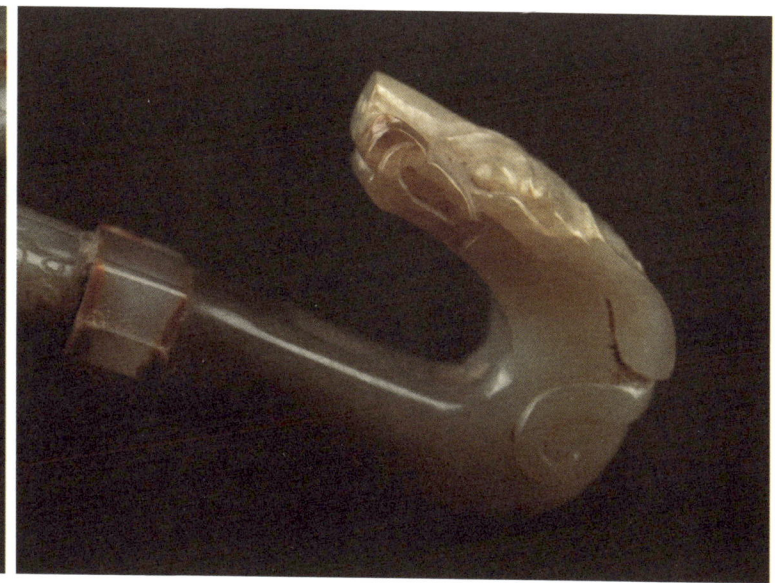

铁芯玉带钩（细节）

带钩在良渚文化之后，经历了夏、商、西周的沉寂，在春秋战国时期重新发展，并在秦汉时期达到繁荣状态。

春秋战国至秦汉时期带钩的大量出现和流行，应该是源于古代衣冠服饰的演变。古人佩束的腰带有布帛制的大带和革制的鞶革两种。我国春秋以前的衣着形制，是上体的"衣"与下体的"裳"分开的，到了春秋战国时期衣冠服饰制度发生了重大变化，开始出现上衣、下裳为一体的"深衣"，加之赵武灵王"胡服骑射"的影响，使得革质腰带——鞶革的大量使用与流行成为可能或者必然，所以用于扣系鞶带的带钩也随之大量出现并流行起来。

带钩的材质非常丰富，有金、银、铜、铁、玉、石等多种。随着带钩的广泛使用，在其样式和制作工艺方面都有了明显地提升。除了上文中提到的铁芯玉带钩，春秋战国至秦汉时期的一些带钩还采用了鎏金、错金银、贴金、镶嵌等当时复杂的工艺。《淮南子》中有载："满堂之座，视钩各异，于环、带一也。"意思就是，满堂宾客的腰间环带上都是奢华的钩饰，无一相同。带钩虽小，但在重视礼仪的古代中国，这"视钩各异"间正是佩钩者身份和地位的表露。所以，这就不难理解为什么当时的人们会将小小的"皮带扣"制作得如此精美了。

古代文献中提及带钩的很多，最著名的莫过于载于《史记》的"管仲射钩，桓公以霸"的传奇故事了。春秋时期，齐国内乱，齐国的公子纠与公子小白争夺君位。辅佐公子纠的谋臣管仲带兵埋伏在公子小白归国的途中，伺机刺杀。当公子小白一行人抵达即墨附近时，在此等候多时的管仲一箭正中公子小白。众人皆以为公子小白已死，便回去复命。但令人意想不到的是，管仲的那一箭只是射中了公子小白衣服上的带钩，最终公子小白早一步赶回齐国，抢占先机，夺得君位，是为齐桓公。在鲍叔牙的进谏之下，齐桓公放下了与管仲的"一箭之仇"，并拜其为相，一段英主贤臣共图霸业的千古美谈也由此诞生。一枚小小的带钩见证了这惊心动魄又极富戏剧性的一幕，从某种意义上来说，这段历史的定局要归功于桓公腰间的那枚带钩，如果管仲这一箭射中的不是带钩，那么春秋五霸的历史可能就此改写。

除了这样传奇的历史故事,带钩在古代还被赋予了更深层次的文化内涵。例如《庄子·胠箧》中就有"窃钩者诛,窃国者为诸侯",并由此演变出成语"窃钩盗国"。大致意思是,偷了带钩的人要被处死,而盗取国家的人却做了诸侯,讲的是"田成子杀齐君而盗其国"的故事。又如魏文帝曹丕在《与王朗书》中写道:"不爱江汉之珠,而爱巴蜀之钩,此言难得之贵宝,不若易有之贱物。"意思是,不爱高贵的江汉珍珠,而更喜欢平常的巴蜀带钩。曹丕借用珍珠和带钩,将贵与贱、难得与易得做对比,在他看来,与其追求很难得到的宝物,不如求取容易得到的实用之物。古代先贤都是以带钩之小而言,小中见大,向我们阐述人文思想及更深刻的哲理。可见,在中国数千年的历史文化中,带钩不仅是生活中的实用器,还是人们身份、地位、审美、品格的象征,而且深深融入了古人的精神世界,渗透进了中国传统文化和先贤的思想哲理之中。

如今,人们早已不再使用带钩,但存留于世的带钩依然为人所关注,古人佩于腰间的小小带钩,绽放出诗意的生活与深刻的哲理,承载着中国传统的服饰之美、工艺之美以及文化之美。

(李晨飞)

"王作"鼎

壮志却难酬

> 出土"王作"鼎的周天子陵墓，是三代以来这一王陵制度的最终章，这也代表着一个新的时代即将到来。

"王作"鼎为短折沿，颈部附双耳，圜底略平，三兽蹄形足。颈部饰一周窃曲纹，双耳外侧饰重环纹。鼎腹内壁有铭文"王乍彝"，表明这是一件天子用器。

出土"王作"鼎的大墓虽然墓室面积不大，但却是一座带四条宽大墓道的墓葬，墓主身份地位非同一般。目前，夏商周时期最为人所知的四墓道大墓是位于安阳殷墟西北岗的8座商王陵。周因于殷礼，虽然目前西周王陵尚未发现，但我们可以推测，其王陵形制应该也是因袭商王陵的形制，即是带有四条宽大墓道的大型墓葬。

在目前发现的两周时期墓葬中，带有四条墓道的，除了出土"王作"

"王作"鼎

春秋（前770—前476）
高40.5厘米，口径49厘米，重16.5千克
2001年河南省洛阳市第二十七中出土

"王作"鼎(细节)

鼎的大墓外，只在陕西周公庙西周遗址发现有10座，目前学界大多认为该墓地属于西周时期历代周公的家族墓地。然而周公庙的这10座四墓道大墓，均是两条大墓道加两条窄小墓道，或者一条大墓道加三条窄小墓道的形制。周公旦平定东方、定鼎中原、制礼作乐，为西周王朝的开创和稳定建立了不世功勋，虽然破例享有四条墓道，但在宗法谨严的西周时期，作为规则的制定者，还是要严守自己制定的封建等级制度，其墓葬在等级规格上比天子稍逊。而出土"王作"鼎的这座大墓，虽然墓室长宽只有7.5m×6.7m，墓室面积比周公庙墓地的四墓道大墓小很多，甚至比不上众多已经发现的春秋时期诸侯墓葬，但却具有四条几乎等宽的大墓道，等级上要更高一些。诸多迹象表明，这是一座春秋早期的周天子之陵，墓葬的发掘者则直接指出，这可能就是东周第一代天子——周平王的陵寝。

自二十世纪至今，在洛阳地区发现的东周大墓并非少数，但即便是如金村大墓和周山王陵这样确凿无疑的东周中晚期周天子陵墓最多也不过是两条墓道，大多仅有一条墓道。延至后世，哪怕是一统天下的秦始皇帝，其陵墓也不过是东西两条墓道。我们可以认为周王室东迁洛邑后，面对政治、经济的双重困境，不得不向现实妥协，逐渐放弃了一部分世代相传的天子制度，这当然也包括在陵墓营建时对四条大型墓道制度的坚守。而出土"王作"鼎的周天子陵墓，是三代以来这一王陵制度的最终章，这也代表着一个新的时代即将到来。

按照《史记》的记载，西周灭亡的过程是"幽王嬖爱褒姒。褒姒生子伯服，幽王欲废太子。太子母申侯女，而为后。后幽王得褒姒，爱之，欲废申后，并去太子宜臼，以褒姒为后，以伯服为太子……申侯怒，与缯、西夷犬戎攻幽王……遂杀幽王骊山下……于是诸侯乃即申侯而共立故幽王太子宜臼，是为平王，以奉周祀"。无力光复旧土的周平王只得放弃宗周故土，被迫东迁洛邑。虽然西周的灭亡历来被归罪于褒姒，但我们仔细辨析史料便可发现，西周灭亡的种子早已种下。利益使然，随着历史的发展，封藩建制的各个诸侯必然走向与周王室离心离德的道路。作为宗周藩屏的申侯本应为周天子抵御西戎侵扰，却与戎人暗通款曲，最终联合起来攻杀周幽王。这也是周幽王最终下定决心废黜来自申国的申后所生太子宜臼的原因。

近年来，诸多研究发现，西周时期黄河中游地区经历了一个长期的寒冷与干旱的气候阶段。厉王、宣王、幽王三世更是灾异不断，据统计，西周末期旱灾、寒灾、震灾三种自然灾害共计18次。蒙文通先生指出"厉、幽、宣、平凡历一百五十余年，而旱灾与人民之流徙不绝于诗，此国史上一大故也"。连年的灾难严重影响了关中地区的经济发展，造成西周王室统治上的困境。周厉王在位期间，连续五年大旱，严重影响了国计民生，面对经济上的困境，周厉王不得不推行经济改革，实行"专利"经济，意图增加王室收入，然而这必然侵害到其他贵族的利益，最终引发所谓的"国人暴动"，导致厉王统治结束。宣王时期，天下大旱，"岁恶甚，王忧之"。到周幽王在位的十二年间更是平均不到三年就发生一次自然灾害。整体气

"王作"鼎铭文

候的变化也迫使戎狄不断东进南侵，周王室在西部的疆土逐渐收缩，转入防御状态。考古发掘表明，甘肃东部地区作为西周王室控扼西戎的要地，同西周早期相比，在西周晚期发现的周人墓葬比例显著降低，同时戎人墓葬所占比例则大幅上升，说明这一地区在西周晚期逐渐被戎人所控制。《诗经·大雅·召旻》中"昔先王受命，有如召公，日辟国百里。今也日蹙国百里。於乎哀哉，维今之人，不尚有旧"的记载，就是周人面对西周晚期国土日渐萎缩的困境发出的感叹。

与此同时，周人对东部和南方疆土的重视和开拓逐渐增多，这也导致周王室的统治重心不断东移，如晋侯稣编钟等青铜器铭文都记载了厉王时期对南方地区的征伐。而《诗经》中的《小雅·采芑》《大雅·江汉》《大雅·常武》等篇章则记载了宣王时周人在南方的军事行动,在汉魏洛阳城下叠压的西周晚期营建的韩期周城就被认为是周宣王时期重新营建的成周城。即便是幽王时期仍没有停止对南方的军事进攻,且幽王曾亲临成周部署在东方的军事行动,《古本竹书纪年辑证》记载:"十年春,(幽)王及诸侯盟于太室。"在周王室将注意力东移的同时,在周王室统治中扮演重要角色的虢、郑两诸侯在西周晚期也完成了东迁,东迁之后的两国正好对成周形成夹辅之势。诸多迹象揭示,就像商人立国后的五次迁都一样,或许东迁洛邑是西周晚期诸位天子面对经济、政治、军事等诸多现实因素的主动战略考量。只是这种主动的长期筹划被周幽王的冲动所打破,最终导致了身死国灭,王室被迫东迁。但与主动东迁相比,这种被动的迁都对周王室的权威和实力造成的损害要严重得多。商代中晚期盘庚主动迁殷保证了商代后期两百多年的强盛和统治的稳定。而周王室被迫东迁之后,虽延续了五百多年国祚,周天子却不过是徒有"天下共主"的虚名而已。

根据《竹书纪年》和清华简《系年》的记载可知,周幽王死后,其弟余臣和废太子宜臼被代表不同利益的诸侯分别拥立为天子,分别号称攜(携)王和天王。直到数十年后余臣被晋文侯所杀,周平王才在大多数诸侯的支持下东迁成周。又经过数十年的攻战,宗周故地最终为秦所得。

东迁后的周王室仅保有洛阳盆地周边方圆不足六百里之地,实力大减,赫赫宗周的光辉不再,纵使天子之尊也只能在诸侯列强的夹缝中委曲求全。

作为东周第一代天子,周平王仍有心维护王室尊严,但却因国土狭小,国力衰弱而常常面临有心无力的困境。平王死后,因缺乏丧葬之物,鲁国曾送来财物以助葬,却又被周王室退回即是这种困境的写照。周平王在位期间与郑国发生了周郑互质的恶劣事件,对周天子的威严进一步造成了打击和损害。周平王死后第二年,郑庄公竟然派人割了王畿的麦子和禾,新立的天子桓王竟也无可奈何。随着周平王的逝去,自桓王开始,不得不渐渐面对现实,屡屡向诸侯"求赗""告饥""求车""求金"。

  这件"王作"鼎,虽然器形较大,但是纹饰简单粗糙,铭文胎体轻薄,铸造时的铸造缝以及器表各种瑕疵丝毫未加打磨处理,显示出制作者的漫不经心和懈怠,不论是做工还是用料都远逊于西周时期的青铜重器。同时宽大的四条墓道和狭小的墓室空间,也处处显示出东周初期天子空具维持天下共主地位的雄心,但又实力不足的困窘和尢奈。经过几代挣扎,东周天子重振王室的努力付诸流水,失去了恢复天子荣光的雄心壮志,不得不向现实低头。

(曹向珂)

"吴王夫差"剑
不能身无佩剑

这柄"吴王夫差"剑在洛阳地区的出现，为研究东周时期洛阳与吴国的关系提供了宝贵的资料。

剑，被誉为"百兵之君"，多用青铜铸造而成，一般认为出现于商代，盛行于春秋战国及秦汉。《说文解字》中对剑字的解释是"人所带兵也"，作为冷兵器时代随身佩带、近身搏杀的利器，此类兵器构造简约，使用时灵活便利，其剑身前端通常设计有锐利的剑锋，两侧有刃，使用时可刺可砍，刃部向剑柄处延伸，这种长刃具有持续的杀伤力。

洛阳博物馆珍藏着一柄"吴王夫差"剑，剑圆首、筒状茎、窄格、隆脊、尖刃，剑锋和刃部皆锋利，手柄处较宽便于抓握，利于攻击时劈刺，能在实战中发挥有效的作用。其剑身处有铭文两行，因锈蚀的影响，目前仅可见"吴王夫差其元用"七字，此剑形制和铭文风格同外地出土的"吴王夫差"

"吴王夫差"剑

春秋（前770—前476）
长48.8厘米，宽4.2厘米
1991年河南省洛阳市东周王城战国墓出土

剑相类，推测其完整的铭文亦当10字，即为"攻吴王夫差自作其元用"，制作时间应当是吴王夫差在位的二十余年间（前495—前473），即春秋末期。

出土这把"吴王差夫"剑的墓葬的形制为一椁一棺，随葬品有陶器鼎、豆、壶、碗和铜兵器、车马器，整体来看墓主人应是东周时期的一般贵族。在当时，各大诸侯国为了争霸中原，彼此间不断进行战争，很多下层奴隶主阶层被卷入。这柄青铜剑，推测应是吴国敬献给东周天子或者诸公卿士的礼物。

吴国是春秋末期强大的诸侯国，公元前495年，吴王夫差继承王位后励精图治，在夫椒之战中大败越国，攻破越都，一统江东，而后北上争霸草原。公元前484年在艾陵之战中大败齐国，歼灭十万齐军。公元前482年，在黄池之会与晋定公歃血为盟，奠定了吴国的地位。

当时的吴国，拥有强大的军事力量，而制作优良的兵器是其有力的体现。春秋时期，吴国拥有非常精湛的铸剑技术，这一时期的剑多用青铜铸成，在剑身不同的位置会添加锡、铅、铁、硫等成分，将剑身的韧性与锋利完美结合，达到刚柔并济的效果，如此一来大大增加了铸剑的难度，提升了军事实力。唐代诗人李贺在《南园诗三首》中有"男儿何不带吴钩，收取关山五十州"的名句，其中吴钩指的正是精良的兵器。因此，在当时，吴国也诞生了一些铸剑大师，比如曾为吴王阖闾铸剑的干将就是吴国人。《吴越春秋·阖闾内传》中记载："请干将铸名剑二枚，干将者，吴人也。"

或许是因为吴国出宝剑，因此在历史上留下了吴国与宝剑的故事。《史记·吴太伯世家》中记载，春秋时期吴国贵族季扎要出使晋国，随身佩带着一柄宝剑，路过徐国时，徐国君主对这柄宝剑爱不释手，于是很想自己留下，季扎认为要出使晋国不能身无佩剑，心想不如事成之后再赠予徐国国君。当季扎从晋国返回徐国时，却发现徐国君主已经暴毙，于是非常难过，他来到徐国君主的墓地，不顾随从的劝阻，将随身佩带的宝剑解下，挂在墓前的树上。

由此可见，青铜剑承载的不仅是战场上的硝烟与厮杀，它也是古代贵族与士阶层身份的象征，更是外交活动中常见的馈赠礼品。仅以士阶层为例，当时佩剑的长短与重量可以分为上制、中制、下制，相对应的身份为上士、中士、下士，以此区别身份与地位。

这柄"吴王夫差"剑通体修长。一般认为青铜剑经过了由短至长的演变，促使这种变化的原因大概有三个方面：其一，在春秋之前，战场主要集中在中原地区，以车战为主，这一时期传统的长兵器，如戈、矛等更具有战

"吴王夫差"剑(铭文)

斗力,因此剑在当时的主要作用是防身,到了春秋战国时期骑兵和步兵有了较大发展,因此剑的重要性渐渐显现;其二,随着冶金技术的进步,剑的杀伤力有所提高,促进了铸剑的发展;其三,随着剑的普及,剑术也随之进步,出现了一批剑术家以及剑术方面的著作。

公元前770年,北方的少数民族犬戎攻入关中,周幽王被杀,太子宜臼即位,史称"周平王"。公元前771年,在内外交困的双重压力下,周平王在一些强势诸侯的护卫之下迁都洛阳,开启了长达515年之久的东周时代。东周又被史学家划分为春秋和战国两个时期,彼时的洛阳作为天子之都,成为外交的大"舞台",各国间的博弈仿佛是没有硝烟的战争,在这里一幕幕的上演。

这柄"吴王夫差"剑在洛阳地区的出现,为研究东周时期洛阳与吴国的关系提供了宝贵的资料。

(郑雅妹)

"召伯虎"盨
勤勉辅政的身影

流逝了2000多年的时光,虽洗去了"召伯虎"盨上的光华,但每当看到历史在它身上留下的斑驳年轮,我们仿佛依稀见到召穆公勤勉辅政的身影。

20世纪90年代,在洛阳城东北窑一带,先后发现了一系列大型西周贵族墓葬,并出土了大量的精美青铜器。1993年7月,在一座西周贵族墓葬中,考古工作者偶然发现了一件罕见的青铜重器——柱状足形盨。该盨呈横长椭圆形,附耳高于器口,平口微敛,浅腹微鼓,底微外弧,口沿下饰一周窃曲纹,身饰四周凹弦纹,柱足饰兽面纹,器盖和器身有子母口相合,顶部有两组双双相连的矩形扁纽,主要功能是可以将器盖翻转过来,整件器物做工精湛,纹饰简练而精美,造型古拙而质朴。该铜盨内底、盖内各有"召伯虎用乍朕文考"铭文,经研究人员考证,应是西周晚期名臣召伯虎祭祀亡父时所用器物,遂被命名为"召伯虎"盨。

"召伯虎"盨

西周（前1046—前771）
通高21厘米，口长23.3厘米，宽16.7厘米
1993年河南省洛阳市马坡村东出土

出土"召伯虎"盨的墓葬位于洛阳马坡村东 1.3 公里处，正处于洛阳市东郊两处著名的西周贵族墓地——邙山南麓的马坡村、北窑村一带，那里在 1949 年前后出土过许多有铭文的珍贵青铜器。这座墓葬基本没有受到盗扰，墓中出土了较为完整的铜器组合，分别为鼎、壶、盘、匜各一件，盨两件。在这几件铜器中，只有"召伯虎"盨是打磨光滑的实用器，同出的另一件铜盨器底和器盖铸造都不够平整，而铜壶两侧的附耳不通，根本无法贯索，圈足内的范土甚至都没有清理干净，制作较为粗糙，皆无铭文，可以明显地看出实用器与随葬明器不同。"召伯虎"盨铭文中提到的召伯虎，学者们认为是西周历史上很有名的召穆公。据《史记·周本纪》载，召穆公在厉王时已为大臣，后来又辅立宣王。综合铭文所记，这座墓葬很可能是召伯虎之父幽伯之墓，召伯虎的父母——幽伯和幽姜，是召族的宗君和宗妇，铜盨是召伯虎为其亡父幽伯所做的祭器。1949 年以后，洛阳很少

"召伯虎"盨铭文

发现西周晚期青铜器，这座墓葬出土的一系列铜礼器为本地区西周晚期铜器的断代提供了宝贵资料。

召伯虎就是我国历史上著名的召穆公，成语"防民之口，甚于防川"和历史名词"周召共和"都和他有着密切的关系。

据《史记·周本纪》记载，周夷王死后，其子周厉王继位。周厉王为政暴虐，不允许国人当街发表言论。在这种高压政策下，人们在路上碰到熟人，也不敢相互交谈，只用眼色示意一下，便匆匆地走开，这就是"道路以目"这个成语的由来。召穆公向厉王劝谏"防民之口，甚于防川。川壅（yōng，堵塞）而溃，伤人必多，民亦如此！是故为川者决之使导，为民者宣之使言"，主张广开言路，让上至公卿大夫，下至百工庶人都有发表意见的集会，厉王却刚愎自用，对召穆公的劝谏置若罔闻，最终导致社会矛盾不断激化。公元前841年，国人奋起反抗，周厉王仓皇逃往山西，暴动的国人冲入王宫没有发现周厉王，便转而寻找太子静。原来，召穆公把太子藏到家中，并让自己的儿子假冒太子。据《竹书纪年》记载："（国人）执召穆公之子杀之。"从此，西周便开始了"周召共和"时期。

正是召伯虎的大力辅佐，才出现了西周晚期"宣王中兴"，流逝了2000多年的时光，虽洗去了"召伯虎"盨上的光华，但每当看到历史在它身上留下的斑驳年轮，我们仿佛依稀见到召穆公勤勉辅政的身影。

（李　煜）

"王妊"簋

千载芳华 物是人非

> 她曾经用过的金灿灿的铜簋早已锈迹斑斑，黯淡失色，静静地陈列在洛阳博物馆之中，因为有"王妊"二字，依然高贵而又冰冷。

"王妊"簋，1964年出土于洛阳老城东北的北窑村庞家沟。1964年至1972年，考古工作者在这里共发掘西周贵族墓葬300余座，出土大量带有铭文的青铜器，这是洛阳乃至全国西周考古的重大收获，引起了学术界的极大关注。为何会引起学术界轰动？不单单是因为出土了大批珍贵文物，更重要的意义在于洛阳北窑西周贵族墓地的发现为寻找西周成周城遗址提供了线索。根据何尊铭文以及《尚书》等传世文献记载，武王克商后曾计划在"天下之中"的洛水之阳营建新都。成王继位后，秉承武王遗志，先后派召公来洛相宅、周公来洛卜居，并命周公在卜得的吉地营建洛邑，建成后称"成周"。从此，成周与宗周两都并行，成为周室控制东方的中枢。

"王妊"簋

西周（前1046—前771）
通高14.7厘米
河南省洛阳市老城东北的北窑村庞家沟出土

但这座成周城究竟建在洛阳哪里？秦汉以降便诤讼不已！1949年以来，我国的考古事业取得了非凡的成就，洛阳考古人以北窑西周贵族墓群的发掘为契机，经过几代人数十年的不断求索，现在已基本廓清了成周的大致范围，它就在洛河以北的瀍河两岸，深深掩埋于现代都市的繁华之下……

"王妊"簋敞口，斜折沿，方唇，深腹，高圈足，腹部两侧对称分布兽形环耳。腹部和圈足通体饰兽面纹，腹内底铸有"王妊作簋"四字。簋，是先秦时期古人盛饭用的"大碗"。"民以食为天"，簋作为古人的饭碗实在是太重要了，以至于围绕它造了很多字。比如"食"字，本意就是盛满饭食的簋；再如，一个人吃饭叫"即"，两个人对坐一起吃叫"饗"，吃完饭扭头就走叫"既"，砸了别人的饭碗叫"毁"……最早的簋出现在新石器时代，是陶质的，谁都可以用。后来，随着时代的发展进步，出现了贵族专用的玉簋、铜簋。目前，尚未发现夏代的铜簋。在商代，铜簋或玉簋主要作为实用器服务于贵族的日常饮食，尚未被赋予更多的礼制属性。因为商代的治国理念是"率民以事神，先鬼而后礼"，贵族们"率肆于酒"，人人都喜欢喝酒，宴饮要喝，祭祀更要喝，大概晕乎乎、飘飘然的状态更容易与鬼神沟通！于是，酒器理所当然地被推向了舞台中央，尊、卣、觥、罍、觚、爵、斝等青铜酒器不仅是贵族日常宴饮的实用酒具，也是祭祀时的必备祭器，贵族死后还要把它们成套带入墓葬，以供自己在另一个世界继续享用，身份地位越高，随葬的青铜酒器越多越全。到了周代，情况变了。周人以农耕起家，其始祖后稷就是凭着"善稼穑"而被尧舜辟为司农

"王妊"簋铭文

官的,周太王古公亶父迁居周原后,依托肥沃的八百里秦川大力发展农业,迅速坐大,经过太王、王季、文王、武王四代人的接续奋斗,终于伐灭殷商取得天下。由于自己是从西陲起家的"小邦周",略带侥幸地击败了中原的"大邑商",自称"天子"的周王和权贵们欣喜而又焦虑,如何统治如此广大的国家?怎么才能迅速稳定局势和民心?我们成功的经验是什么?敌人失败的教训是什么?不解决这些问题,寝食难安!于是有了周初大分封,有了周公东征、营建洛邑、制礼作乐……在分析殷商亡国的原因时,大家一致认为商人自上而下"率肆于酒"是重要原因之一。为避免重蹈覆辙,周人煞费苦心地制作了青铜"酒禁",专门摆放青铜酒器,时刻提醒贵族们,"勿湎于酒"。在这种情况下,流行于商代的各种青铜酒器逐渐淡出历史,青铜簋作为主角之一登上了周代祭祀和飨宴的舞台。簋和鼎、编钟等配套,在西周中期形成了一套完备的礼乐制度,我们熟知的天子九鼎八簋、诸侯七鼎六簋、卿大夫五鼎四簋等就是这时候出现的。至于里面都装些什么,众说纷纭。一言以蔽之，鼎里边装的基本都是肉，簋里边装的都是五谷杂粮做成的饭。这套制度同样被带入了周人的墓葬，使我们今天通过考古发掘，能够与文献对照，窥见周礼之一斑。簋，表达的是周人以农业立国的价值取向，体现的是周人"敬天保民"的统治策略，承载的是周代"郁郁乎文哉"的礼乐制度。"王妊"簋，是西周众多青铜簋中的佼佼者。

"王妊"簋的珍贵不在于材质和纹饰造型，而在于它的铭文。"王妊作簋"短短四字，字字千金！它是一件"王器"，来自王室，血统高贵；它更是周王室姻亲制度的实物见证。殷商的治国之道对外基本靠武力征服，对内主要靠占卜祭祀，真的是"国之大事，在祀与戎"，这在周人看来太过单纯，刚而易折。周人在继承殷商传统的同时，加以扬弃，加入了宗法制、分封制等内容，实现了家国一体，极大地增强了统治的韧性和温情，国祚延续达八百年之久！宗法制，通过区分大宗与小宗、嫡出与庶出，规范家族内部男性成员的权利与义务。分封制，通过分封同姓宗亲与异姓勋戚出镇四边，达到"封建亲戚，以藩屏周"的目的。王室与同姓诸侯有血缘关系，天然亲近，那么对于唐虞夏商以来的旧贵族以及开国异姓功臣，分封之外怎样才能更好地笼络、驾驭他们？周王室采取了政治联姻的方式。比如，开国第一功臣姜尚，封齐，侯爵，宗室女"齐姜"多嫁与王室以及晋、鲁、燕、卫等周室同姓诸侯。再如，封帝舜之后于陈，公爵，封商王室之后于宋，公爵，"陈妫""宋子"亦多嫁与王室或姬姓诸侯。周天子称同姓诸侯为"伯父""叔父"，称异姓诸侯为"伯舅""叔舅"，这样便"天下一家"了。"王妊"簋正是这种政治联姻的产物,它是嫁到周王室的某位妊姓王后所用之物,至于是哪位周王的王后,众说不一,一般认为是昭王后。这位妊姓王后绝非普通人家女子,应当与赫赫有名的"周室三母"有关。周室三母指:太王妻太姜、王季妻太妊、文王妻太姒。三人皆为贤妇,后世评价"文武之兴,盖由斯起"。太姜为有邰氏之女,与太王(古公亶父)生王季(季历)。太妊为殷商挚国国君之女,与王季生文王。《列女传》记:"及其有娠,目不视恶色,耳不听淫声,口不出敖言,能以胎教。"太姒为有莘氏之女,与文王生武王、周公等,被后世尊为"文母"。周人在《诗·大雅·思齐》中对三位伟大的祖母赞曰:"思齐大任,文王之母,思媚周姜,京室之妇。大姒嗣徽音,则百斯男。"把大任排在了第一位,大任就是太妊,可见她在周人心目中的地位!"王妊"簋的时代稍晚,作器者"王妊"虽不太可能是周室三母之一的太妊,但必定与太妊关系密切,她们应来自同一个家族。

三千年前,一位来自东方的贵族少女乘坐华丽的车驾来到周京,从此告别家乡的父母亲朋,嫁作周王妇,儿时的名字再也无人提起,"王妊"是她的新称呼,高贵而又冰冷……三千年后,她曾经用过的金灿灿的铜簋早已锈迹斑斑,黯淡失色,静静地陈列在洛阳博物馆之中,因为有"王妊"二字,依然高贵而又冰冷……

(齐 磊)

"關"字瓦当

关锁崤函

瓦当作为中国传统建筑物上的一种建筑材料，已有几千年的历史。小小瓦当是中国古代劳动人民智慧的结晶。

"關"字瓦当，陶质，瓦当面呈圆形，背面遗留有平滑状切痕，瓦当边轮较宽且平整，为灰陶色。当面施彩，包围关字的是一圈凸槽，另有凸弦纹，正中关"關"字为阳文。阳文较阴文更易辨识，立体感强，用在高大的建筑上，效果更好。

1998年，为配合黄河小浪底水利枢纽工程的建设，洛阳市第二文物工作队在新安县仓头乡盐东村调查发现一处大型汉代仓储遗址，这座仓库建筑遗址位于黄河之滨，距河岸不远，西南25公里为著名的关隘——函谷关。这次考古工作主要发掘了仓库建筑遗址范围内的主体建筑、窑区、墓葬区、附属建筑基址及其他生活设施，"關"字瓦当就出土于这次的调

"關"字瓦当

汉（前206—220）
直径14~16.2厘米
1998年河南省洛阳市新安县函谷关出土

查发掘中。

汉函谷关历为京畿之地，又是洛阳西行第一关，同时贵为洛阳八关之首，还是两京故道上的重要军事关隘，因此函谷关对洛阳的政治、军事、经济等方面的都产生了重大的影响。同样对丝绸之路的形成和发展发挥着不可替代的作用，自然也见证了丝绸之路的繁荣和兴盛。"上罗三关，下列九门，会万国之玉帛，徕百蛮之贡琛。盖纷其云合，车马动而雷奔"，东汉兰台令史李尤在《函谷关赋》中的这段生动的描写，道出了当时外国使节和各方达官贵人、富商巨贾携带奇珍异宝、各色特产，云集函谷关前，进行商贸交往的盛景以及车马人员喧嚣繁荣的场面。说明汉函谷关作为历史名关，不仅是一座军事重镇，同时也是两京故道中的重要门户，是两京商贸和文化交流的"豫陕孔道""秦齐通衢"。特别是东汉明帝时，班超出使西域，"重开丝路，经营西域"后，汉函谷关更是各国使者，商人来往的必经之路，出土大量的与丝绸之路密切联系的文物充分说明了这一点。如1980年在函谷关古道出土的牵驼俑、武士俑等；1983年在函谷关北侧一座唐墓中出土3件西域胡俑。这些说明了它是古代丝绸之路上一个举足轻重的关隘，为丝绸之路的繁荣发展起了重要的作用。

2014年6月27日，中国、吉尔吉斯斯坦、哈萨克斯坦联合提交的"丝绸之路：长安—天山廊道的路网"文化遗产报告顺利通过，新安函谷关，作为"丝绸之路第一关"，成功选入世界文化遗产。"阙"字瓦当，是古丝绸之路不朽精神文明的见证。

瓦当作为中国传统建筑物上的一种建筑材料，已有几千年的历史。瓦当的出现，不仅显现出礼制在建筑中的反映，同时也标志着建筑技术的进步，他对建筑的保护作用使得以木材为主要建筑材料的中国古代建筑的使用寿命大大延长。而瓦当上的各种纹饰也折射出不同历史时期的社会文化意识以及审美情趣，对建筑本身起到的美化作用也是显而易见的。可以说，小小瓦当是中国古代劳动人民智慧的结晶。

（马正丽）

东王公西王母车马画像铜镜

蔡氏作镜佳且好

从这件铜镜的制作工艺和艺术表现手法上来看,具有典型的汉代铜镜特征,但它却是从洛阳一座唐代墓葬中出土的。我们能否大胆推测这位墓主人生前是一位收藏爱好者呢?

　　古人照面,最初以静止水面,后以器物盛水照面,继而借助于光,后来随着青铜制造工艺的发展,铜镜应运而生。铜镜的形式多种多样,有圆形、方形、花瓣形等,正面平滑光亮,用来照面,背面则多装饰有图案和铭文。

　　洛阳博物馆藏的东王公西王母车马画像铜镜属于典型的画像铜镜。镜为圆形,以镜纽为中心,铜镜分为了三个同心圆区域,外区饰云纹、锯齿纹、栉齿纹和铭文各带一周。其中铭文为"蔡氏作镜佳且好,明而月,世少有。刻冶今守悉皆在,令人富贵宜孙子,寿而金石不知老兮,乐无亟"。内区为双弦纹夹联珠纹带纽座,其上为镜纽。铜镜背面制作最为精美的为中区,为东王公西王母车马画像,当为铜镜的主题纹饰。以四乳分成四区,

东王公西王母车马画像铜镜

汉（前206—公元25）
洛阳博物馆藏

呈环绕式排列。东王公和西王母对称排列，王公头戴冠，着长袖，盘膝而坐，左右两侧伴有侍从。王母头戴牛角帽，也为着长袖盘膝而坐状，两位侍从伴其左右。剩下的一区为车马出行图，一人乘坐于一辆带有华盖的马车上，车前部拉车的马膘肥体壮，似腾空而起。另一区为两只神鸟，生两翼。这件铜镜构思巧妙，以精巧的工艺手法，令神仙的姿态生动鲜活，具有很高的艺术价值。

西王母作为古代神仙体系中的重要神仙之一，经历了一个由上古神人到道教女神的发展过程，在这个漫长的演变过程中，西王母不但形貌发生了天翻地覆的变化，其角色能力也在不同的历史阶段被赋予了不同的含义。

在先秦典籍《山海经》中就出现了关于西王母的记载："西王母，梯几而戴胜杖，其南有三青鸟，为西王母取食。在昆仑虚北。"而西王母的形象被塑造为"其状如人，虎齿而善啸，蓬发戴胜，是司天之厉及五残"，"有人，戴胜、虎齿、有豹尾，穴处，名曰西王母"。在《山海经》中，西王母被描述成了一位半人半兽的神仙，在昆仑山中过着穴居的生活。西王母在这个时期的朴素形象一定程度上反映了原始社会时期人们的思想信仰。西王母的半人半兽女性领袖形象，应该与母系氏族社会的图腾崇拜有关。

随着社会的演进和发展，西王母的形象也开始向世俗化的方向演变，形象中动物的因素消失，俨然一位女性领袖的形象。《左传》和《史记》等书中都有对西王母的记述。在《穆天子传》中，则详细记述了周穆王西巡与西王母相会的故事。周穆王是西周立国后的第五位天子，据传活了

105岁。据《穆天子传》的记载，周穆王带领大批随从，携带美玉、锦帛等物，西巡出行，择吉日与西王母相会，赠之厚礼，西王母热情款待了周穆王，两人相谈甚欢，甚至相约再次相会。

两人的相会，更像是两位君主的国家外交行为。在有关西王母的故事不断丰富的同时，她的形象也得到了美化和人格化的转变。

到了汉代，由于升仙思想的盛行，西王母崇拜得到了重要的发展，其形象在汉画中得到了丰富，出土的汉代铜镜中亦有不少是关于西王母题材纹饰的。与铜镜中的西王母形象相对的是东王公。相较于西王母，东王公出现较晚，成书于魏晋时期的《神异经》中，东王公被塑造成了一位居住在东荒的神仙，"头发皓白，人形鸟面而虎尾"。汉代铜镜中，凡有西王母，一般都会有东王公与之相伴。这样的刻画，估计也是汉人追求家庭圆满、幸福寓意的初衷。在此题材的铜镜纹饰中，往往是以西王母东王公为核心，二人盘坐姿态，侍从伴其左右，辅以羽人、青鸟等形象，从而组成了一个结构层次分明、故事性强的图像系统。

值得一提的是，从这件铜镜的制作工艺和艺术表现手法上来看，具有典型的汉代铜镜特征，但它却是从洛阳一座唐代墓葬中出土的，同时出土的还有一批波斯银币。我们能否大胆推测这位墓主人生前是一位收藏爱好者呢？

（元芳）

彩绘陶制百花灯

兰膏明烛 华镫错些

> 这件百花灯造型挺拔、稳重、五彩纷呈,它代表了中国汉代陶灯制作的高超水平。

这件精美的彩绘陶制百花灯通体彩绘,先以白粉为底,然后再饰以朱黑等色。因年代久远,彩绘已有明显脱落。灯的结构较复杂,由灯座、灯柱和灯盏三部分组成。

灯座呈覆盆状,圈足,座身上分布有二人和各种形状的动物三十余只,动物种类有虎、狼、鹿、猪、狗、羊、猴、兔、蛙、蝉等。这些人和动物大致分为三层,或奔腾跳跃,或坐卧蹲伏,形态各异。

灯座上立有平底灯盘,盘中有一圆孔,灯柱直立于圆孔内。灯柱顶端是朱雀形圆灯盏,最底端是象征长寿的乌龟。

曲枝灯盏有12支,分为三层。由上而下的第一和第二层均为四支曲

彩绘陶制百花灯

东汉（25—220）
百花灯高92厘米，底座直径40厘米
灯柱高49厘米，直径6厘米
1972年河南省洛阳市涧西区七里河出土

彩绘陶制百花灯（局部）

枝灯盏，除了大小略有不同外，形态相像。在每个曲枝接近灯柱的部位均有一端坐的羽人，背有羽翼，头戴冠，下着短裤，双手伸向前方；曲枝的尾端是一圆形灯盏，灯盏口沿外侧的圆孔内插有火焰形花饰，在灯盏下方的曲枝上还有柿蒂和卧蝉的装饰。第三层灯盏嵌插在一圆形灯盘上，灯盘位于灯座和灯柱之间，直径约9厘米，在盘沿上等距有八个圆孔，交替插入四枝曲枝灯盏和四枝龙形饰件。在龙形饰件尾部坐一羽人，头戴冠，穿红色短裤，背后有双翼；四个曲枝灯盏结构比较简单，仅有火焰形和柿蒂形装饰，无羽人与卧蝉。灯枝、装饰物都是分开烧制的，可以自由地组合和拆分。

这件百花灯造型挺拔、稳重、五彩纷呈，它代表了中国汉代陶灯制作的高超水平。这种造型的陶灯是依照当时流行的青铜灯而制造的随葬明器，因其树状的枝干，点缀了繁多的灯盏，宛如盛开的花朵，故而得名。灯起源于火，我国用火的历史非常悠久，早在旧石器时代的猿人阶段，已经知道用火。随着最初的防御野兽侵袭和加工食物之外，火的照明功能得到了进一步的开发利用，也就出现了最原始的灯。到了战国时期，出现了真正意义上的灯具，《楚辞·招魂》云："兰膏明烛，华镫错些。"镫，即是灯。灯具的产生，在兼顾了实用价值之外，人们又赋予它装饰和美化的作用，使它在造型上更加具有艺术性和观赏价值。从造型结构上大致分为豆形灯和连枝形灯，洛阳博物馆这件藏品即属于连枝灯。汉代的灯具，多以铜灯和陶灯为主，形态造型各异。其后几千年的演变与发展，又陆续出现锦灯、瓷灯、纸灯等。从使用燃料来划分，可以分为烛灯和油灯。汉代时灯具所用燃料种类从性质上划分为固态燃料和液态燃料两类，品种相当丰富，包括牛油、蜂蜡、鲸油、兰膏、漆、麻油等。

汉代经济的繁荣与发展，物质生活的日益丰富，人们在丰衣足食、安乐无忧的情况下，普遍滋生出享乐思想。人们希望死后能升入仙界，升仙思想成为汉代丧葬思想的一个重要组成部分，而这种思想也充分体现在这件百花灯中。比如覆盆状的灯座形似中国古代传说中的仙山——昆仑山，汉代古籍《海内十洲记》这样描述昆仑山："方广万里，形如覆盆。"中国古人尊昆仑山为万山之尊，它是很多神话传说的摇篮，家喻户晓的嫦娥奔月、西游记、白蛇传等神话传说都与昆仑山有关。《淮南子·地形训》说："昆仑之丘，或上倍之，是谓凉风之山，登之而不死；或上倍之，是谓悬圃，登之乃灵，能使风雨；或上倍之，乃维上天，登之乃神，是谓太帝之居。"因此，昆仑山是古人向往的仙境和死后灵魂最好的归宿。《尔雅》中记载："山三成昆丘。"也就是说昆仑山是由三层组成的，与灯座上的人物和动物分三层排列也是一致的。百花灯的灯柱寓意昆仑山上的天柱，据《神异经》记载："昆仑有铜柱焉，其高入天，所谓天柱也。"古人认为天柱是顶天立地的象征，能把天堂、人间和地狱联系在一起。百花灯上的12只曲枝形灯盏分为三层插在灯柱上，这就形成了三层天盘，它们分别代表了昆仑山上的三座城池。北魏郦道元《水经注》云："三成为昆仑丘。"《昆仑说》曰："昆仑之山三级；下曰樊桐，一名板松；二曰玄圃，一名阆风；上曰增城，一名天庭，是谓太帝之居。"在汉代人眼中，昆仑山上的这三座城池是仙境的所在地。《山海经·海外南经》中载："羽人国在其东南，其为人长头，身生羽。"《楚辞·远游》亦有记载："仍羽人于丹丘兮，留不死之旧乡。"羽人是人与鸟的一种结合，羽人作为飞仙，同样具备仙的一般特性，不老不死与自由快乐，除此之外，还认为汉代羽人肩负三项神圣使命，即：一、接引升仙，赐仙药；二、行气导引，助长寿；三、奉神娱神，辟不祥。在大量汉代时期的画像石和画像砖中，多见羽人出现在西王母、东王公仙庭中的景象，尤其是西王母仙庭。羽人侍奉在西王母身边，其角色显然是西王母的随从或信使。由此可见，羽人的这一重要使命——接引升仙，能够把死者的灵魂带往仙界。在百花灯的曲枝上装饰有8只卧蝉，因为蝉蜕壳后能够获得重生，所以汉代人把蝉当作一种可以重生的吉祥物。这些元素在一盏灯中集中地融合在一起，淋漓尽致地体现出先人们想要羽化升仙、长生不老、升达仙境的强烈愿望和祈盼，同时也是他们内心真实想法的流露和表达，由此可管窥出当时社会的主流思想和意识。

（吕建明）

车马出行图壁画

车辚辚 马萧萧

此壁画具有高超的绘画艺术价值,也是直观地研究东汉时期车舆制度和丧葬制度的珍贵资料。

车马出行图壁画为洛阳地区发现的汉代车马出行图代表作,具有高超的绘画艺术价值,也是直观地研究东汉时期车舆制度和丧葬制度的珍贵资料。

这座壁画墓1984年发现于河南洛阳偃师杏园村,所以也称为偃师杏园村壁画墓,是洛阳地区发现的东汉中晚期保存较好的壁画墓之一。墓室结构复杂,规模宏大,壁画保存完整清晰。该墓坐北朝南,为砖石结构。由斜坡墓道、墓门、前甬道、前堂、后甬道、后穴六部分组成。前堂为横长方形,弧券顶。东西长8米,南北3.65米,高4.14米。四壁有内外两层,内层用平砖垒砌,上涂白灰膏,绘制有车马出行图壁画。外层用条砖紧贴壁画自下

车马出行图壁画（局部）

东汉（25—220）
画幅长12米、宽0.6米
1984年河南省洛阳市偃师县杏园村出土

车马出行图壁画（局部）

而上半砖错缝平砌,将这幅壁画全部封闭在墙内。该墓遭盗掘,仅余少量陶器铜钱,由墓葬形制和随葬器物可断定墓葬年代为东汉晚期。

整个车马出行图画面自然衔接,内容连贯,色彩深沉厚重,人物、动物栩栩如生,气势壮观,画面上下各有一条红色条带做界栏。途中绘有九乘安车、七十余个人物、五十余匹奔马。前面开道的为徒步而行,手持旌旄的两列队伍,接着是排成雁字形的八名骑吏,马后有一名步卒护卫着一辆带伞盖的安车,车上坐二人,御夫居右。其余六名骑吏和一名步卒引导着第二辆安车。步卒头戴平巾帻,身穿宽袖短衣,裹腿,左手执杖,右手举便面。第三辆车之前有骑吏九名、伍伯两名。第四辆系墓主人安车,前后骑吏十二名,车前伍伯六名,簇拥在主车左右。主车较大,四维车幡,彩饰盖斗,装点华贵。主人头戴平巾帻,身穿红色宽袖艳服居左,御辔牵缰居右。车前伍伯左手执杖,伍伯之前的一名骑吏回头作招呼状,表情生动。其后又有五辆安车、十名骑吏,各车上乘员为墓主人的属吏或从眷。

这幅图气势雄壮，车骑队伍浩浩荡荡，动静结合，描绘了一派车辚辚、马萧萧的威赫场面。

洛阳出土的汉代壁画墓在全国古代壁画墓发现史上占据着重要的地位，是两汉时期经济发达、社会富足、厚葬之风盛行的直接体现。它不仅展示了两汉墓葬建筑艺术的演化规律和建造技巧，还勾勒出了汉代墓室壁画艺术发展的脉络和特点，广泛深刻地揭示了汉代人的思想、兴趣、观念、反映了人们尤其是统治阶级上层人物的生活情景。

车马出行图壁画是东汉时期墓葬壁画的常见题材内容，在河南、河北、内蒙古等地均有发现，但这幅出行图的画法和其他墓葬壁画却有不同。壁画未发现有起稿的痕迹，大笔涂刷色块，以浓、淡晕染区分层次，再用线条勾勒细部。绘制人以娴熟的笔触、完美的构图，把人物和奔马描绘得形神兼备，尤其是在画马时，运用了没骨法技法，把一匹匹骏马绘制得肥圆健壮，生机勃勃。同时用朱砂点亮人物面部，从人物的眉、眼、胡须上区别不同人物的性格特征和气质面貌，整个画面动静结合，气势宏大，让人明显地感觉到出行队伍的浩荡气势，领略到东汉艺术家的新颖立意和良苦用心。

这幅出行图壁画能如此完整地保存、流传下来，也是"无心插柳柳成荫"的结果。当初考古人员在发掘这座墓葬时，没有发现壁画，敲击墙壁时感觉声音不对，才发现里面有夹层，拆掉夹层，这幅气势宏大的出行图壁画才露出真容，让人惊喜惊叹！据考证，墓主人当时享有两千石品阶或者县令以上的官员。墓主人下葬时，可能其地位与职位突然发生了变化，与所绘壁画中车骑、导从规制不符，有僭越之嫌；另一种推测是到东汉晚期至曹魏时期，逐渐兴起薄葬、简葬之风，墓主人下葬时，其家人为避嫌而故意将壁画砌在夹墙之内。

不论何种原因，车马出行图壁画免过了盗掘之劫与水漫侵蚀之害，幸运地流传至今，让我们在赞叹东汉绘画艺术的同时，直观地领略了东汉官僚阶层的生活轨迹，对东汉时期的车舆制度、丧葬礼仪及精神追求有了直观而深入地了解。

（程　龙）

熹平石经
第一部国家统编教材

> 熹平石经规模浩大，气势恢宏，是东汉时期尊崇儒学、经学发达等诸多社会历史原因所产生的文化瑰宝。

熹平石经是中国历史长河中最早的官家定稿儒家经本。早在西周时期我国就有太学的称谓，后来专指古代传授儒家经典的最高学府。东汉熹平四年（175），蔡邕（蔡文姬之父）等人奏求正定儒经正本文字，得到灵帝诏准后，蔡邕等人于东汉光和六年（183）完成石经刊刻。这批石碑均为长方形，约高一丈，宽四尺，刻成后立于当时的汉魏洛阳城开阳门外洛阳太学讲堂前（今河南洛阳偃师朱家圪垱村），所以人们又称这部书为"太学石经"。熹平石经全篇使用十分标准的八分隶书一体写作而成，字体方平正直、中规中矩，极为有名，故也称为"一字石经"。

石经内容包括《鲁诗》《尚书》《周易》《春秋》《公羊传》《仪礼》

熹平石经（一）

《论语》等七种古代儒家经典。熹平石经原碑石数说法不一，王国维先生认为应以杨龙骧《洛阳记》中记载的四十六石最为准确。熹平石经刻成后曾轰动京师洛阳，甚至轰动全国。每日观览摹写者众多，出现了"其观视及摹写者，车乘日千余两（辆），填塞街陌"的盛况。造成交通堵塞的热闹场面持续了很长时间。熹平石经开创了我国历代用刻石的方法向天下人公布经文范本石经刻印的先河。自此以后，又有三体石经、开成石经、宋石经等，佛、道等诸家石经，共同构成我国独有的石刻书籍宝库。其中，东汉熹平年间的熹平石经、三国魏正始年间的正始石经与唐文宗开成二年（837）的开成石经为我国古代刻儒家经籍最为著名的三大石经。

熹平石经（二）

东汉末年，董卓火烧洛阳宫庙时，波及太学讲堂，熹平石经略有损毁。到了南北朝的时候，北齐高澄将石碑从洛阳迁往邺城，结果在半路上掉到水里，运到邺都的还不到一半。隋朝开皇年间，又从邺城运往长安，但由于隋官府不重视，竟用石碑做柱子的基石。到唐贞观年间，魏徵去拯救这些文化瑰宝时，已是十不存一。自宋代以来残缺不全的石经偶有出土，后又陆续在河南洛阳、陕西西安两地发现一些零碎残石，至民国时期在太学旧址仍有残石出土，达数百余块之多，据统计共 8275 字。新中国成立后又发掘和收集了 600 余字，总计共有 8800 余字。残石现分藏于中国国家博物馆、中国社会科学院考古研究所、西安碑林博物馆、河南博物院、洛阳博物馆等机构。

蔡邕的熹平石经作为最早的官家定稿的儒家经本，使用标准的八分隶书，蔡邕主要擅长篆书和隶书，他的飞白枯笔闻名于当时，书法形式多样，

熹平石经（三）

深受后世喜爱，更是被《书断》评价为妙有绝伦，动合神功。熹平经书通篇隶书精美绝伦，笔势绮丽生动，自带丝丝露白，文字结构紧密结合，婀娜多姿，字体风格上流畅顺滑，流派纷呈，引领了汉代隶书的发展，奠定了汉代隶书的发展基石。

作为我国历史上最早的儒家经典石刻本，熹平石经从某种意义上可以理解为印刷术发明前的一种图书编辑出版活动，无论在内容上还是在形式上都产生了巨大的影响。

一是订误正伪，平息纷争，为读书人提供了儒家经典教材的范本。二是开创了我国历代石经的先河，用刻石的方法向天下人公布经文范本的做法。三是启发了捶拓方法的发明。捶拓技术是雕版印刷术的先驱。因此，石经对印刷术的发明也有间接影响。

（古　佳）

白玉杯

何以解忧　玉杯冰心

> 白玉杯采用名贵的和田美玉琢制而成，玉质温润洁白，通体光素无纹，曲线流畅优美，杯体抛光细腻，虽无任何装饰，却给人以自然天成的美感，是三国时代玉器中的佳作。

"洛阳亲友如相问，一片冰心在玉壶。"唐代诗人王昌龄在离别时这样与友人表白自己如冰似玉的澄澈之心。曹魏白玉杯的主人又何尝不是在以玉明心呢？

洛阳博物馆所藏这件白玉杯1956年出土于洛阳市涧西区的一座曹魏墓葬中。白玉杯采用名贵的和田美玉琢制而成，玉质温润洁白，通体光素无纹，曲线流畅优美，杯体抛光细腻，虽无任何装饰，却给人以自然天成的美感，是三国时代玉器中的佳作。

1956年7月，考古学家在洛阳市涧西区矿山厂发现了一座被盗的古墓，在残存的65件随葬品中，近50件是素陶制品，只有少量铜器和铁器，仅

白玉杯

魏(220—265)
高11.7厘米,口径5.2厘米
1956年河南省洛阳市涧西区出土

曹魏白玉杯（局部）

1件玉器，就是这件在幽暗墓室中发出莹莹微光的白玉杯，破土而出，惊艳世人。

白玉杯的主人是谁？是"比德于玉"的君子？是"转眄流精，光润玉颜"的佳人？考古学家只能在残留的历史碎片中寻找蛛丝马迹。

这是一座中型砖室墓，由墓道、甬道、墓室组成，墓室分前室、后室，前室有左右2个耳室，是汉晋典型的"前堂后寝"式墓葬。此墓没有发现墓志，又遭盗掘，留存下来的随葬品大多出自前室及耳室，种类和形制与汉晋差别不大，出自前室的一套铁帷帐架引起了考古学家的注意，在9件帷帐构件的其中1件上，铸造了珍贵的历史信息——铭文"正始八年八月"。由此可以判断，这座墓葬的年代上限应为公元247年，属三国曹魏时期。曹魏都洛阳，"正始"为魏齐王曹芳的年号，至此立国27年。

以铁帷帐架为中心的前室，摆放着白玉杯、博山炉、陶灯等器物。帷帐这样的空间被研究者称为墓主灵魂的"帐座"或"神位"，是汉代以来墓室陈设的一种，亦多见于墓室壁画，帐座前一般摆放着饮食器具或祭祀用品。最著名的例子是西汉中山王刘胜的满城1号汉墓，在这座巨大的山石墓穴前室，陈设着由金属支架和丝织帷幕构成的"帐座"，周围随葬大量青铜饮食器、酒器和生活用器。

"墓中设帐"的情况在曹魏时代并非孤例，相似的铁帷帐架在近年发现的洛阳西朱村曹魏大墓中也有发现。正始八年墓的铁帷帐架构成墓室中的核心礼仪空间，作为饮器的白玉杯，是这个空间的道具之一。汉末至西晋初年的重臣王祥曾有"遗令"提到这样的空间,"勿作前堂、布几筵、置书箱镜奁之具",然而棺前还是可以设一榻,"糒脯各一盘、玄酒一杯,为朝夕奠"。白玉杯是否在当年也盛上玄酒一杯,寄托对逝去之人的哀思,以保福泽绵延呢?

"白骨露于野,千里无鸡鸣。生民百遗一,念之断人肠。"曹操目睹了东汉末年战乱对中原的破坏性打击,发出悲叹。大汉数百年建立起的丧葬秩序和墓葬物质文化在此刻的中原濒临崩溃,由于缺乏物资,曹操甚至亲自参与盗墓以充军饷。曹操先后在其《终令》及《遗令》中提出对自己陵寝的要求,"因高为基,不封不树""殓以时服,无藏金玉珍宝"。曹丕在其《终制》中阐述了厚葬的祸患,"自古及今,未有不亡之国,亦无不掘之墓也。丧乱以来,汉氏诸陵无不发掘,至乃烧取玉匣金缕,骸骨并尽,是焚如之刑,岂不痛哉!祸由乎厚葬封树"。

曹魏政权存在时间短,曹氏父子又力主薄葬,全国范围内发现的曹魏墓葬数量较少,随葬品与汉代相比质朴许多。安阳西高穴大墓被认为是曹操高陵,墓中的确没有奢华的"金玉珍宝",所出玉佩、水晶珠、玛瑙珠等小件配饰并非"敛玉"或"葬玉",多是曹操身前佩戴之物。由此来看,器型小巧、造型简约、素面无纹的白玉杯应是墓主生前珍爱之用器。

相同器型的玉杯见于秦和汉。一件出自西安秦阿房宫遗址,另一件出自广西罗泊湾一号汉墓。所不同的是,这两件玉杯腹外布满纹饰,玉质呈浅褐色,与白玉杯呈现出的是两种截然不同的气质。

曹魏白玉杯玉质润白，白中泛青，经鉴定为和田羊脂玉。白玉杯的动人之处正在于无纹，材质之美跃然眼前。雕刻纹饰可以掩盖玉质的缺陷，素面的白玉杯考验的是工匠的抛光技术，一点儿不比雕花玉杯省时省力。

和田在汉晋时称"于阗"或"于寘"，位于丝绸之路南道，中国古代使用的软玉（具有宝石价值的硅酸盐矿物）几乎全部来自和田。史书记载于阗国人"夜视月光盛处，必得美玉"。白玉杯所用玉料正是和田所产。曹丕称帝定都洛阳后，重开西域，设西域长史府领护诸国，洛阳又成为"异方杂居""商贾胡籍"的东方枢纽。《三国志》称"魏兴，西域虽不能尽至，其大国龟兹、于阗、康居、乌孙、疏勒、月氏、鄯善、车师之属，无岁不奉朝贡，略如汉氏故事"。

玉为石之美者。古人赋予它诸多美好的寓意，君子之仁、颜肌之美、延年之寿、通天地之灵……白玉杯当然也是这些品格的代言，是墓主想要永久享用的饮器，材质带来的那份愉悦，几百年后的诗人李白最能懂得："兰陵美酒郁金香，玉碗盛来琥珀光。"有美酒，当然要以美器相配。

白玉杯的三国英雄时代，已随大江东去。只有永恒坚固的玉杯，还在吟唱"何以解忧"的诗篇。青山依旧在，几度夕阳红，给后人留下无尽的遐想。

（李思思）

金狮子

造型简练 憨态可掬

这组造型精美、雕工精湛的金狮子从侧面反映了墓主生前显赫的身份和尊崇的地位,不禁让人慨叹古代匠师精妙绝伦的技艺。

这组金狮子虽已埋藏在土中千年有余,却光泽如新。尽管造型形似,但形态略有不同。面前这头小金狮头部微侧,前肢收于胸前,腿部卷曲爬卧、线条流畅,面部浑圆,嘴部线条上仰,颇具喜感,不仅毫无"兽中之王"令人生畏的感觉,反倒流露出一丝可爱俏皮。这组金狮子栩栩如生的造型,充满了灵动的特质,给人以强烈的视觉冲击和心理震撼,为西晋时期工艺装饰品的代表作,现为国家一级文物。

金器制品在我国有悠久的传统和精巧的工艺。金子作为贵重金属,不仅色泽亮丽,富有延展性,而且具有不易锈蚀、耐高温、易加工等特性,

金狮子

西晋(265—317)
一组共六枚,最大一枚长1.3厘米、宽0.9厘米、厚0.7厘米
每枚重5~6克,共重34.7克
1995年河南省洛阳市孟津县平乐乡金村出土

是制造各式器具、饰品和造像的良材。"金"字最早出现在商代的甲骨文和西周的金文中,但当时更多的是指铜。至战国时期,文献中的"金"字基本专指黄金。中国黄金储量丰富,《山海经·五藏山经》中有记载的沙金、山金产地多达26处。考古学家推断,中国黄金被发现与利用的历史可能上溯至新石器时代,几乎和中华民族文明史相同。考古发现表明早在新石器时代晚期的龙山文化,我国先民已认识到进金的贵金属特性,掌握了古代金器的冶炼方法,并将其按照一定的审美需求表现在器具中。

《诗经·大雅》中记载:"追琢其章,金玉其相。"早期的黄金主要用来制作珍贵的装饰品。夏商西周时期,商品交易开始使用黄金了。此时金器的使用尚处于萌芽阶段,黄金被用于制作器型小且纹饰少的饰品,手法上也多采用浇筑式。

到了春秋战国时期随着鎏金、鎏银及错金银等技艺的成熟和对青铜制作工艺的借鉴,黄金以一种更为经济便捷的方式嵌附于各种材质的器物之上,用作装饰青铜器和车马的金银制品,金银器皿在此背景下也应运而生。

秦朝时金银器制造沿革了前代,制作的金器主要作为一些大型车马的部件和饰件。随着丝绸之路的开通,外来金器制作技艺的输入,两汉时期的金器制造突破了青铜工艺制作的模板,制作工艺远超前代,所制作的器物表面配有凹凸有致的纹饰,恰似浮雕,色泽富丽,形制多样。这一时期金器使用广泛,且涉及社会生活的方方面面,诸如官印、钱币、车马器、饮食器具、日杂器等。

魏晋南北朝是中国历史上规模空前的民族大迁徙和大融合时期。各民族在长期共存的生活中,逐渐相互融合,中原文化、游牧文化、江南文化不断碰撞,对外交流进一步扩大,佛教及其艺术表现形式广为传播。这个时期的文化艺术不同于前朝的艺术形式,呈现出浓厚的异域风情。忍冬、莲花纹等纹饰以及独具西域特色的动物纹饰作为特殊的文化符号在金银器的形制纹样上打上了明显的烙印。

此组小金狮的形象代表了当时西域文化与本土文化交融的社会风貌,直观反映了佛教在西晋兴盛的社会现象。《汉书·西域传赞》中记载:"狮子、猛犬、大之群，食于外囿，殊方异物，四面而至。"汉代时狮子作为西域各国进贡的珍奇异兽开始输入我国。随着西域文化在我国的传播，狮子作为佛教中的护法神兽的宗教形象，以及狮子在佛教中被用来比喻佛陀无畏与伟大的宗教寓意被广泛接纳，加之狮子本身的威严雄姿，这些文化寓意和中原本土文化结合后形成了博大精深的狮子文化，让人有了无限地遐想，把它作为能够辟邪、带来祥瑞"神兽"，以其形象作为纹饰和造型的器具自是备受人们喜爱，因此这组小金狮可推断为当时贵族女性或孩童佩戴的串饰。

这组小金狮子的珍贵之处还在于其来之不易。三国时期始，帝王权贵率先履行薄葬，认为厚葬"繁而无益"，这种社会风气一直延续至两晋。此外西晋政权的动荡飘摇，造成经济损失惨重，社会财富主要用于平定战乱，作为贵重金属的金子数量锐减，且受当时崇佛的环境影响，金子多被铸造为佛像等用品，用于陪葬的金器数量也是少之又少，普通百姓墓葬甚至别无长物，仅用瓷器、陶器陪葬。现今出土两晋文物中金器的数量相比其他品类弥足珍贵，而洛阳西晋陵出土的这组造型精美、雕工精湛的金狮子更是从侧面反映了墓主生前显赫的身份和尊崇的地位，做财富和权力的象征，这组小金狮历经千年，不仅让我们慨叹古代匠师精妙绝伦的技艺，一窥古人精致的生活情趣，也为我们无声地诉说着流淌的岁月和文明。

（王　珊）

韩寿墓表

表不尽的魏晋风流

> 韩寿墓表是研究晋代书法的宝贵实物材料，它反映了汉字书体在晋代由隶书向楷书的演变。

墓表与墓碑类似，是古代贵族墓葬的附属石刻，大约出现于汉代，一般立于地表，标示墓葬神道的起始处。完整的墓表一般由基座、表柱、表额、立兽等几部分组成。现存较为完整的墓表是位于南京的南朝萧梁时期萧景墓的墓表，比韩寿墓表稍晚一些。

韩寿墓表现存洛阳博物馆，常年在石刻厅展出。其基座和顶部已缺失，仅存中间表柱部分以及与表柱连为一体的表额。表柱外形为圆柱体，由青石制成，底部平坦，顶有榫头，通体纵刻24条凸棱，上下两端各有一圈绳索纹。墓表中部偏上处残存一外凸的方形石面，即表额，高48厘米，残宽32厘米，上刻4行20字，现仅存"侍骠骑将军南阳堵阳韩"10字。

韩寿墓表

西晋（265—317）
残高约110厘米，直径33厘米
洛阳博物馆藏

根据相关文献对韩寿的记载，结合石面左右两行残存的笔画，可复原为"晋故散骑常侍骠骑将军南阳堵阳韩府君墓神道"20字。

韩寿墓表是研究晋代书法的宝贵实物材料，它反映了汉字书体在晋代由隶书向楷书的演变。现存10字虽仍归入隶书范畴，但已与汉隶相去甚远。其结体方整、结构舒朗、行笔平直，收笔处锋芒毕露，已有楷书意趣。通过对比现存的西晋石刻，可知这是西晋时期京畿地区最为流行的书风，具有鲜明的时代特征，被称作"西晋洛阳体"。

韩寿墓表的"身世"颇为曲折。它最早见于清代孙星衍编撰的《寰宇访碑录》，此书成书于嘉庆七年（1802），书中云："右骠骑将军韩府君神道阙。在洛阳，近年始出古井中。"由此可知，韩寿墓表大约在嘉庆初年发现于洛阳古井中。道光二十年（1840），洛阳县令马恕在东关的千祥庵内创建存古阁，作为官办的石刻保存所，专门收集洛阳当地的碑刻、墓志、经幢等文物。韩寿墓表也位列其中，马县令将其命名为"晋骠骑将军韩寿墓石"。当时，清廷在鸦片战争中连连失利，林则徐成为替罪羊，被道光帝革职查办发配新疆伊犁。在途经洛阳时，县令马恕邀其游览龙门石窟并参观存古阁内的石刻。晚清金石学家、道光三十年（1850）状元陆增祥在其所著《八琼室金石补正》中收录了韩寿墓表，并记明原石存放于洛阳存古阁，同时指出韩寿见于《晋书·惠贾皇后传》，韩寿墓表声名日隆。进入民国后，存古阁中的石刻由千祥庵中的和尚代为看管。1915年，近代金石学家罗振玉来洛阳访古，记录了以韩寿墓表为首的一批拓本资料。1925年夏，金石学者陈承修来存古阁寻访韩寿墓表，嘱托寺中僧人拓了几张拓片带回，其中一张拓片刊载于《北京图书馆藏中国历代石刻拓本汇编》第二册，可知当时石刻的面貌至今无变化。1927年，冯玉祥率部进驻洛阳，破除迷信，废寺逐僧，千祥庵遭到破坏。1931年春，民国元老张钫与刘镇华、武庭麟等在洛阳创办"洛阳县河洛图书馆"（馆址在今图书馆街），"将各处断碑残碣以及存古阁旧藏古刻尽移置其间"。此后，以韩寿墓表为代表的这批存古阁旧藏石刻又经历了1944年日寇占领洛阳、1948年洛阳解放等战事。直到2011年，韩寿墓表才回到博物馆，常年在石刻厅展出。韩寿墓表一路走来，可谓坎坷曲折！历战火而幸得保全，实属文化幸事！

韩寿与陆机、潘安、竹林七贤、金谷二十四友生活在同一个时代，是西晋有名的风流大才子。"韩寿偷香"与"相如窃玉""张敞画眉""沈约瘦腰"并称中国古代四大风流韵事。韩寿，字德真，南阳堵阳人，西汉开国功臣韩信之后,曾任西晋司空掾、散骑常侍、河南尹等职。其岳父是西晋开国勋戚贾充。贾充有两个女儿,大女儿贾南风为晋惠帝皇后,小女儿贾午便是韩寿之妻。"韩寿偷香"讲的便是韩寿和贾午的故事。根据《晋书》《世说新语》等文献记载,"韩寿美姿容",贾充很赏识他,征召他为司空掾,经常出入贾府。贾午年少好奇,常隔着帘幕偷窥,被这个英俊潇洒、侃侃而谈的翩翩公子所深深倾倒!于是,派自己的贴身丫鬟悄悄到韩寿家,表达了自己的仰慕之情。韩寿听后,颇为心动,通过丫鬟带话,与之约定了幽会日期。到了约会那天晚上,韩寿凭借矫健的身手,翻墙而入,贾府上下竟全然不知!就这样过了一段时间后,贾充发现自己的小女儿衣着亮丽,容光焕发,与平时不太一样,联想到最近与属下议事时韩寿身上总有一股奇香,这种香料是外邦进贡的,一旦沾染经月不散,皇帝只赏赐给自己和陈骞两个人,他身上怎么会有这种香味?难道是自己的女儿和韩寿有私情?然而夜间家中房门紧闭,他是怎么进来的呢?想到这些,他叫来家丁,谎称家中失窃,在家中四处查看,也没有发现有价值的线索……贾充不放心,又抓来女儿的丫鬟拷问,遂东窗事发,真相大白。自己的女儿与下属私通,毕竟不是什么光彩的事情,但想到韩寿仪表堂堂,文韬武略,也算名门之后,就顺水推舟把女儿贾午嫁给了韩寿,成就了一段佳话!

1700多年过去了,"繁华事散逐香尘,流水无情草自春"。韩寿墓表静静地矗立在洛阳博物馆的石刻厅,洗尽铅华,不悲不喜。

(齐 磊)

晋归义胡王金印

方寸之间 印证历史

> 晋时中原王朝给予胡王金质官印，对其进行安抚，目的是减少边疆战争，这也是中原统治者和边疆少数民族建立友好关系的证物。

这枚金印是一名孟津商人在 20 世纪 40 年代从甘肃带回的。这位在甘肃做生意的洛阳商人，从一古董商手中发现这件宝贝，并高价将其买回。1973 年，该金印由洛阳博物馆收藏。

印面呈正方形，驼纽，印面为白文，汉字篆书，左起顺读为"晋归义胡王"五字。印文布局严整稳重，字迹规正刚健，造型古朴简练，是严格继承汉印风格的典型，是我国古代玺印中的佳作。

印又称"印章""图章"，是当权者身份、地位、官职的象征，反映了社会的政治制度和文化。《说文解字》载："印，执政所持信也。"这里对印的解释为官吏执政时表明身份所用之物。此说中，印应指官印。古

晋归义胡王金印

晋（265—420）
长2.2厘米，宽2.2厘米，高2.6厘米，重约83.2克

代印、玺通称，皇帝用的印叫玺，而臣民所用称为印。据考古材料证实，印早在商、周时代就已经出现，但印的普及当是战国时代了。战国时代的纵横家苏秦就曾提出过合纵六国以抗秦的战略，兼佩戴六国相印。秦始皇统一中国后，还专门设置了掌管印章制度的"符节令丞"，规定"天子所佩曰玺，臣下所佩曰印"。印章中的官印无疑起着权威作用，"无玺书，则王言无以达四海。无印章，则有司之文移，不能行之于所属"。可见皇帝的圣旨，没有玺印无效，政府部门没有印章的文件，不被所属部门认可。

晋归义胡王金印（印面）

除官印外，印尚有私印。私人印章除了姓名外，还有不少吉祥语，如"善寿""福寿""长生""千岁""出内大吉"等。私人印章的作用主要是取信的凭证，吉语印则用以祈祥纳福。

古代的印大都由其所有者随身携带，或者佩于腰间，或者系于手臂，因而在印章顶部钻有圆孔，以便用绳子穿系。随着人们爱好的不同，有的人在印章顶部铸制或雕刻简单的装饰，于是印纽便由此而来。

《唐六典》载："汉因秦，置符节令、丞，属少府。"汉代时期完善了秦时设立的官印制度，并对官印的材质、钮、纽式进行了严格的规定。卫宏《汉旧仪》载："皇帝六玺，皆白玉螭虎纽。"孙星衍《汉旧仪补遗》载，"诸侯王印黄金，橐驼纽""列侯黄金印，龟纽""丞相、大将军黄金印，龟纽""御史大夫、匈奴单于黄金印，橐驼纽""御史、二千石银印，龟纽""千石、六百石、四百石铜印，鼻纽"。可见，印制有着严格的等级规定，皇帝玉印为虎纽，诸侯王金印为驼纽，丞相、太尉、列侯金印为龟纽，俸禄千石至二百石的官员铜印为鼻纽。在其后的魏、晋、唐、宋等朝代，官印纽式基本上沿袭了汉代制式。

晋归义胡王金印是晋时中是原朝廷安抚边疆的重要物证。中国自古就是一个多民族的国家，随着历史的发展进程，各民族不断融合。在多民族融合交流的历史环境中，印章被认为是中原王朝与周边民族之间相互关系的契约凭证。晋归义胡王金印为晋时赐予胡人首领之官印。"晋"指时代为晋朝。"归义"即归化、降顺，是中原王朝对边藩归附行为的懿美称谓，体现中原王朝天子对周边民族及外域国家的道德感化和权威的力量。此类词语还有"率善""保塞""破虏"等。"王"指对归附的胡人首领册封为王的称号。印为金质、驼纽，与印制中王印黄金、橐驼纽相一致。当时中原王朝给予胡王金质官印，对其进行安抚，目的是减少边疆战争，这也是中原统治者和边疆少数民族建立友好关系的证物。

（石艳艳）

高猛及其夫人元瑛墓志
千载之后所闻知

> 对于古人,墓志是"盖棺定论",算得上一生的句号;对于今人,墓志是后人了解先人的渠道,一方墓志,宛如一扇沟通生死的窗。

根据相关资料,距离洛阳老城东北约二公里的小李村西有一古冢,高约7米,直径约12米,下圆上尖,故当地人称为"尖冢"。过去,小李村、马坡一带盗墓成风,尖冢即被人盗掘。据说该墓为砖室,方形,圆券顶。盗出白玉兔一对,鎏金腰带一条,墓志两方,还有一些青色瓷器和陶器以及众多陶俑。这些文物出土后,很快被古董商人买走,唯有两方墓志现保存在洛阳博物馆,即北魏高猛及其夫人元瑛墓志。

墓志,指放在墓中刻有死者传记的石刻,上面记有死者的姓名、籍贯和生平等,我们把石刻上的文字部分称为墓志铭,明代徐师曾《文体明辨序说》中说:"按志者,记也;铭者,名也。"志有"记述"之意,以散

魏故使持節侍中都督冀州諸軍事車騎大將軍司空公冀州刺史駙馬都尉勃
海郡開國公高公誌銘
公諱猛字景略勃海脩人也左光祿大夫勃海敬公之孫使持節都督冀瀛相幽
平五州諸軍事鎮東大將軍冀州刺史勃海靜公之元子文昭皇太后之長姪
其氏族所出弈葉之華固已備諸方策可得而詳焉不復一二言也公體靈川岳
質備珪璋風流著於綺年問望成於弁歲具瞻佽然在己美談發自衆口以元舅
之子賜封勃海郡開國公食邑二千戶還尚長樂長公主即世宗之同母妹也
于時寵傾林㧞德冠宮闈雖多貴幾望詩稱桃李之何以加焉公起位通直散騎
常侍北中郎將散騎常侍平東將軍光祿勳卿使持節都督夏州諸軍事安西將
軍夏州刺史金紫光祿大夫中書令使持節都督雍州諸軍事撫軍將軍雍州刺
史征西將軍散騎常侍殿中尚書公之立身也唯正唯清不驕不諂有武有文能
小能大慶惟媛總絲綸則獻替有聞王言載穆牧方夏子黔黎則化苓若神風同
勿翦雖聞子毀家之忠去病辭館之節亡以過也方六彼五臣三孫十伯被衮登
階冀和鼎味上天不弔春秋卅有一正光四年夏四月丁巳朔十四日庚寅薨于位
二宮哀悼於上百辟嗟痛於下暨仲冬將窆天子遣詔有司詔故散騎常侍征
西將軍殿中尚書駙馬都尉勃海郡開國公猛婀儀令器承暉宙胄識具彝雅理
懷沉篤內敷禮閨聲績聿宣外綏蕃政美譽允播方資良幹光讚治猷徽業不永
奄用傷惻卜遠有期宜申榮寵可贈使持節侍中都督冀州諸軍事車騎大將軍
司空公冀州刺史公如故十有一月癸未朔二日甲申窆于芒山之陽一息不還
万春斯在勒鴻名與茂實弊金石而無改其詞曰
穆穆文昭作配高祖辟如歸厲誕生聖武廉貴伊何於乎鳴緒以德以親比
華中呂藹藹曾宗有綸有龍伯人秀出高岸奇峯外溫內敏匪順伊恭若茲翹楚
贊彼蘭蕙赫赫大姬平王之子德盛幾望顏如桃李暖矣柔儀溫其容止唯肅唯雍
雍匪終匪始夫和妻柔既仁且義見善必從臨財能施菑連友多綢繆讌飲清風
可期白雲斯寄大邦云啟朱紱方來六鼇沃若四牡騑騑馳道直指應門洞開出
入溫殿昇降雲臺迩著能官聲稱善職不二其心匪素具食散事恂恂勞謙翼翼
見賢思齊古訓是式朧朧周原悠悠雍服常日今諸欽哉作牧金鉞朱旄眷言出
宿澤如雲雨思同霞育有成基月卒既名揚納言加首鳴玉鏘鏘方仁等亂將成
棟梁遽同朝露楫此高堂何以追終爰台爰岳檀輅蕆莚駟驂踏踊眇眇北京芒
芒西麓蘊我名臣于茲嶽曲
維大魏正光四年歲次癸卯十一月癸未朔二日甲申刊

高猛墓志（拓片）

北魏（386—534）

志高86厘米、宽86.3厘米、厚17厘米

河南省洛阳市老城东北小李村出土

文来记述死者的姓名、籍贯、仕宦、功德等。铭是用韵文概括志文，进而对死者致以悼念、安慰、褒扬，委婉抒情。从出土实物来看，有的有志无铭，叫墓志；有的有铭无志，叫墓铭；大多数则志、铭兼有，称墓志铭。墓志、墓铭或墓志铭，习惯上统称为"墓志"，含义没有大的差别。它是汉魏以来我国古代墓葬中一种重要的袝葬品，是丧葬风俗文化的重要组成部分。作为出土文物资料的一种，墓志是历史的实物见证，具有重要的资料价值和学术意义。从史学角度来说，墓志所载之文字信息，可补传世文献资料之阙，可用于订史补佚；从书法艺术角度来说，墓志所刻之书迹，则用于研究书法源流、书体书风演变等，历来为相关领域学者所重视。

高猛墓志志题称"魏故使持节、侍中、都督冀州诸军事、车骑大将军、司空公、冀州刺史、驸马都尉、勃海郡开国公高公志铭"，志文则首先记述了他的名字、籍贯、世系等信息，"公讳猛，字景略，勃海修人也。左光禄大夫、勃海敬公之孙，使持节、都督冀瀛相幽平五州诸军事、镇东大将军、冀州刺史、勃海静公之元子，文昭皇太后之长姪。"由此可知，墓志主人名高猛。

元瑛墓志志题称"魏故司空、勃海郡开国公高猛夫人长乐长公主墓志铭"，可知这方墓志的主人乃是高猛的夫人，"主讳瑛，高祖孝文皇帝之季女，世宗宣武皇帝之母妹"，夫人名元瑛，出身天潢贵胄，是北魏孝文帝的女儿、宣武帝的妹妹。

检索相关史料，我们在《魏书》中发现了高猛的身影，其传附于《魏

魏故司空勃海郡開國公高猛夫人長樂長公主墓誌銘
主諱瑛高祖孝文皇帝之季女世宗宣武皇帝之母妹神情悟暢志識高
遠六行允備四德無違孝友出於自然柔恭表於天性雖俔天為妹生自深
宮至於箕帚製用醴酪程品非唯酌言注載而率用過人加召掖廷問史好
學罔勌談論之妙說法輪於金陛開靈光於寶樹綴縠
悅彌瀰將何足遠及於笄年詠有聞於蘭芷之雕篆富艷迨未相揆垍
風靡谷漆川流所著辭詠萬須孀寧之中御輪無主
尚也愛始擇彼宜家歸於事齊梁則蕭雍之申雅復無能
朝空文公矜懷紀牒自非地薰邢郅庄容易埳不相揆會
好喻琴瑟敬政丙朝九聖息雖彼物貴不在身方謂天道無親隋事可
之壽安里二宮摧慟逵逤同傷詁曰高氏始長樂長公主四德早徽景徽搢
譽方亨返順戒昭閨範奄至薨背哀慟抽悸不能自任可賵雜綵八十匹絹
八百匹布八百匹給東園秘器贈三百斤可遣鴻臚監護喪事吕二年三月
七日將合窆於司空文公之旧塋痛丹青之易歇將陵谷之難人故
銘徽烈俾貽不朽其辭曰
金風不竸涼叶光在曆終程天鏡行夏乘殷重基累聖北都既徙南
風在詠周臆崢嶸如飴萬生良媛易不若茲女嶷起則彤管興韡溫恭
為性仁讓為基二既有行來徵若子居滿不溢慎終如始親事斧藻躬麻
葇蕤儀已暢隆唯理人生寄目古同然儵如風爥瀺若吹煙倏倏方遠如
于嗟上天散朝華屋妝宿玄德芒芒遂迴崔崔逵閟見何期一曉方
墓已訣若起行及藥毀江浸有芳山晚

元瑛墓志

北魏（386—534）
志高80.7厘米，寬81.4厘米，厚18厘米
河南省洛陽市老城東北小李村出土

书·高肇传》下，事迹十分简略，而墓志的发现，正可补史之阙文。综合史籍和两方墓志的信息，可以较为清晰地勾勒出高猛其人的世系。他的祖父名高飏，飏有五子，分别为高琨、高偃、高寿、高肇、高显；有三女，其一即孝文帝文昭皇后高照容。高琨生子高猛，高照容生子元恪、元怀，生女元瑛，其中元恪即北魏世宗宣武帝。所以，高猛乃文昭皇后高照容的侄子，即墓志所云"文昭皇太后之长姪"，他和元瑛本为表兄妹，后又结为夫妇。根据志文，高猛死于北魏孝明帝正光四年（523），41岁，其生年当在孝文帝太和七年（483）；元瑛死于北魏孝明帝孝昌元年（525），37岁，其生年当在孝文帝太和十三年（489），则高猛年长其夫人元瑛6岁，但二人结婚时的年龄却无从得知了。

史料记载，北魏宣武帝即位后，重用母后高氏一族。高猛与两位叔叔高肇、高显三人同日受封公爵，"数日之间，富贵赫弈"。其后，高肇在宣武一朝权倾朝野，势焰滔天，"附之者旬月超升，背之者陷以大罪"，先后残杀和迫害了北海王详、彭城王勰等宗室元老重臣。高猛的事迹虽然史书不显，但他作为宣武帝的妹夫、高肇的侄子，当年必定是意气风发、荣华无限。

至于高猛与夫人的感情，元瑛墓志中称二人"和若埙篪，好踰琴瑟"，但《魏书》却记载："公主无子，猛先在外有男，不敢令主知，临终方言之，年几三十矣。"或许是由于元瑛——当朝皇帝亲妹妹的身份过于尊崇，令高猛对其有一定的畏惧心理，所以直到临终才敢向夫人吐露自己在外有子的事实。那么,墓志所称似乎有溢美之嫌疑。

高猛、元瑛皆生于北魏平城时期,至公元494年孝文帝拓跋宏迁都洛阳时,高猛11岁,元瑛5岁,年少的他们追随长辈来到洛阳,并在这里长大。元瑛墓志云其薨于洛阳之寿安里(寿安里之名即首见于此),这可能就是夫妇二人婚后在北魏洛阳城内的居所。在洛阳城内生活了近三十年后,高猛先夫人两年离开了人世。

为了更好地和中原文化相结合,孝文帝来到洛阳后颁行了一系列的措施,大规模地推动鲜卑汉化进程,包括改汉姓、禁胡服等。其中一项即规定鲜卑贵族死于洛阳者,即葬于洛阳,不得还葬平城。高氏一族作为早期鲜卑化的汉人,其祖茔本来在平城。但高猛死后,没有安排回到故土,和自己的祖、父等亲人葬在一起(高猛父高琨墓志出土于大同市东郊小南头村),而选择长眠于洛阳这片土地。

北魏自孝文帝迁都洛阳后,至高猛、元瑛去世之时,已经又走过了三十个年头,承平日久,礼乐典章完备,文化艺术日益繁荣,史书称赞"焕乎其有文章"。这个时期,随着汉化改革的推行和深入,南朝的书法得到了重视,在北魏形成了效仿南朝衣冠的风气,有学者认为北魏书法吸取南方书法元素在平城后期已显端倪,在迁都洛阳之后的四十年间更是将这种学习南朝书法的风气发展得更加炽热与明显,种种迹象表明,北魏书法在洛阳时期走上了一条向南朝书法迅速看齐、奋起直追的道路,从而形成了一条弃古趋新、舍质求文的新书法风尚,这种学习的结果形成了首先在洛

酏程品非唯酌言注載
說霰七篇之幽盲馳法
辭誺有聞於世蘭芝之
於姿同似月麗筭髮神

阳地区上流社会流行的新体楷书,便是我们所称的"洛阳体"。

高猛及其夫人元瑛墓志正是这一历史背景下产生的作品。作为北魏统治阶级内部身份最为显赫的人,他们的墓志在选石、书丹、镌刻等方面处处显露出高贵与不俗。高猛墓志笔体平正谨严,其点划撇捺和笔势干脆利落,用笔刚劲有力,落笔多取斜势,似开欧体之先河,又可窥见初唐楷体之直接渊源。元瑛墓志其字结构宽博,纵横自然,用笔贯通隶楷,骨势俊朗,清秀隽永中显露出劲健遒逸之姿、洒脱爽朗之态。这两方虽然没有都留下书者的名字,但可以猜想绝非出自无名之辈,当属北魏皇室大家手笔,无愧于康有为"凡魏碑,随取一家,皆足成体"的称赞。

《封氏闻见记》称墓志是"将以千载之后,陵谷迁变,欲后人有所闻知",古人面对一生归宿的全面评价,将生命的过程与价值浓缩后,刊于石碑之上。每一块墓志,寄托了 个灵魂。对于古人,墓志作为"盖棺定论",算得上一生的句号;对于今人,墓志是后人了解先人的渠道,一方墓志,宛如一扇沟通生死的窗。千载之下,仍然能够感悟到死者对生命的回顾与期许,生者对亲人的眷恋和怀念,可能这就是古人希望我们"闻知"的东西!

(芮 星)

杨机墓出土女俑
千年后的风华

每当我们凝神观望，都可以感受到幽兰般的气质，她们那温婉含蓄的笑容在每一位观者内心留下许多感慨。

　　墓主人杨机，祖籍秦州天水冀县（今甘肃甘谷县东南）人，历任洛阳令、华州刺史、度支尚书等职。其生平事迹与《魏书》《北史》等有关记载基本相符，生于北魏孝文帝延兴四年（474），卒于北魏孝武帝永熙二年（533）八月五日，死前任度支尚书，位列户部之首。东魏孝静帝天平二年（535）其子将其墓迁于洛阳与夫人梁氏合葬于现在的宜阳县丰李镇马窑村。

　　其墓出土了一批珍贵的北魏文物，有墓志、石器、青瓷器，大部分为彩绘陶俑和陶器，其中出土的一组较完整组合的陶俑群较有代表性。这批女彩绘陶俑造型生动，服饰精美，形态各异，为北魏陶俑的研究提供了丰富的内容。

抱婴女俑头顶绾发髻，上饰花钿。脸圆润丰满，眉清目秀，嘴角微翘，面带笑意，颈部围系一巾，身穿右衽宽袖曳地红彩长裙，双手抱一襁褓婴儿。左腿盘于地，右膝屈肢作蹲坐状。发髻施黑彩，唇颊点朱，高13厘米。

抱盆女俑身体微微后倾作蹲坐状。头绾单高髻，上饰花钿，长脸圆润丰满，翘眉细眼，口涂朱红，身着右衽、宽袖曳地裙，右臂屈肘手抚膝，左臂抱盆于膝上。髻施黑彩，通体施粉，裙着红彩，高13.5厘米。

老妇俑体态矮胖，服饰简朴，动态呆滞，似为一侍仆老妇形象。头发两半中分，绾于脑后，头微向右倾，低眉顺目，面部圆润丰满，稍带微笑。身着右衽宽袖弧边裙，两臂屈肘置于腰腹间，双手掌心向上，通体施粉，红腮朱唇，裙施红彩。

抱婴女俑

南北朝（420—589）
河南省洛阳市宜阳县丰李镇马窑村出土

持箕女俑（左）、抱盆女佣（右）

南北朝（420—589）
河南省洛阳市宜阳县丰李镇马窑村出土

老妇俑

南北朝（420—589）
河南省洛阳市宜阳县丰李镇马窑村出土

双髻站立女俑大小、形制非常相似，长脸面庞圆润，细眉长眼，体形修长，腹部微微前倾作站立状，姿态自然优美，精致俊雅，皆头梳双髻，上饰花钿。身着右衽交领宽袖衫，胸部束长带，下着曳地长裙，衣纹稠密。左手屈置胸前，手持物已失，右臂自然下垂，手提裙摆。身、首分别模制，插合而成。发髻施黑彩，双颊点红彩，眉眼墨描，口涂朱，裙施红色彩绘。

提裙女立俑头发两半中分，梳双花髻，上饰花钿，眉清目秀，脸向左方侧视。身着交领窄袖长裙，作站立状，左腿站立，右腿屈膝，左手提裙，右手扶膝。髻施黑彩，裙施红彩。

女舞俑头发两半中分，梳双花髻，头微上扬，神态自然舒展，脸部圆润，眉清目秀，身穿左衽交领窄袖长裙，左臂平举屈肘向下，右臂下垂掌心向外斜贴身侧，双腿分开，似在作跳舞状。髻施黑彩，红腮朱唇，裙施红彩。

杨机墓出土女立俑以均匀协调、精致俊雅的风格，呈现出气韵生动与内心宁静的精神状态。如该墓出土的单、双髻女立俑，可以感受到她们发自内心的微笑，充满着生命的活力。从她们的神态表情上完全看不出墓主人仓促就死的凄凉与悲惨，相反却表现出平和恬美的精神风貌；两名牵手女俑头梳双髻，面容姣好，牵手并肩而行，一人注目前视，一人低眉旁观，在笑意盈盈中尽显自然活泼之态，给人带来纯真无邪的美好印象；即使是劳作俑也翘眉细眼，面含微笑，给人以表情愉悦之感。杨机墓随葬的这些女俑都以豁达愉悦为特征，不仅表现出北魏晚期官宦贵族的坚忍豁达，也反映出在北魏后期充满血腥杀戮、皇权动荡的社会现实下，人们渴望内心

双髻站立女俑

南北朝（420—589）

河南省洛阳市宜阳县丰李镇马窑村出土

女舞俑（左）、提裙女立俑（右）

南北朝（420—589）

河南省洛阳市宜阳县丰李镇马窑村出土

平静，希望去尽人间愁苦的愿望。这种陶塑手法一改两晋及北朝早期陶俑的呆滞古拙等生硬作风，与同时期佛像雕塑中睿智与超脱的造型风格存在一定的共通性。

时光流转，千年之后，这些陶俑仍风华依旧。每当我们凝神观望，都可以感受到她们幽兰般的气质，她们那温婉含蓄的笑容在每一位观者内心留下许多感慨。

（史风茹）

双人牵手女俑

手一握便是千年

它们融汇胡服的灵活方便与汉服的儒雅宽博等文化元素于一身,反映出在柔风汉俗熏染的时代主题下,各民族文化传承与融合的人文生活意境。

　　这件女俑中的两人均梳双髻,饰有花钿。头微上扬,神态温婉,作两手相牵并肩站立状。她们上身着左衽宽袖上衣,衣为红彩。下着宽大喇叭形长裤,腰束带。两名牵手女俑面容姣好,微含笑意,一人注目前视,一人低眉旁观,似牵手并肩而行,给人带来纯真活泼的美好印象。这件双人牵手女俑出土于北魏名臣杨机墓中。

　　杨机,《魏书》中有传,杨机自 24 岁入仕河南尹功曹后,三十五年间历仕孝文帝、宣武帝、孝明帝、孝庄帝、孝武帝等朝,曾任洛阳令,后官至主管财政的度支尚书一职,成为北魏晚期皇帝所倚之重臣。《洛阳伽蓝记·景兴尼寺条》中就记"县门外有洛阳令杨机清德碑",足见其当年

双人牵手女俑

南北朝（420—589）

高17厘米

河南省洛阳市宜阳县丰李镇马窑村出土

声名清白威赫。但是,时值北魏末年祸乱分起,"属世途多难,横波不息",罹难时年59岁,成为政治斗争的牺牲品。

纵观杨机一生的荣辱沉浮,几乎伴随了北魏迁都洛阳、开启北魏洛阳时代,直至最后衰亡。杨机墓志有颂扬云:"以君器实瑚琏,才堪救瘼,除使持节都督华州诸军事,安西将军,华州刺史。"反映出杨机于北魏王朝岌岌倾倒之时,曾力挽颓败危局的史实。只惜杨机身处北魏末年,军事强臣操纵政局,从皇帝到臣民都处于朝不保夕的境地,以至杨机终难有所作为。公元533年,高欢于洛阳永宁寺杀度支尚书杨机、刘钦等人。公元535年,待故吏王法标等人迁葬杨机"迁附于阙口之右,飞山之东北,去洛阳七十里"时,北魏政权已经分裂成高欢和宇文泰两大军事集团控制的东魏、西魏,北魏洛阳时代的历史走向了终结。

北魏杨机墓出土的双人牵手女俑并肩而行,一人注目前视,一人低眉旁观,两名面容姣好的女子在笑意盈盈中尽显自然活泼之姿,给人以天真无邪的深刻印象。北魏牵手女俑以会意的微笑和愉悦的内在气质成为特定文化符号。北魏工匠们在塑造牵手女俑时,以左衽、宽袖和长裤等文化符号,通过对她们举手投足间的动作刻画,突出了女性的身材轮廓,委婉地表述着北魏洛阳时代胡汉交融的文化风景。

鲜卑北魏自公元494年孝文帝迁都洛阳后,强力推行了一系列汉化政策,其核心内容在于促进鲜卑贵族向汉人士族转化,以巩固北魏王朝的统治。本着这项宗旨,孝文帝做出了许多具体规定。《魏书》记载"太和十八年十有二月壬寅，革衣服之制""太和十九年六月丙辰，诏迁洛之民，死葬河南，不得还北。于是代人南迁者，悉为河南洛阳人"。衣冠服饰以及籍贯之变，看似外表或形式，实际上往往能够决定性质或内容。这些变革措施不断浸润着人们的思想观念，为其他汉化政策的颁布施行起到了推波助澜的作用。从孝文帝以后，又经历了从宣武帝到孝明帝二三十年间柔风汉俗的不断洗礼，汉人士族集团的社会文化风气深刻影响着从平城迁洛的北魏贵胄仕宦们。结果是，他们终于将南朝汉人眼中"尽是夷狄"的洛阳荒土，变为"礼仪富盛，人物殷阜"的帝京。时光荏苒，当年北魏统治者定鼎嵩洛后的政治理想，仍然可以从洛阳出土北魏牵手女俑的衣冠服饰上，寻觅出许多胡汉交融的历史轨迹。北魏晚期牵手女俑的服饰风格是特定历史背景下的必然产物，它们融合胡服的灵活方便与汉服的儒雅宽博等文化元素于一身，反映出在柔风汉俗熏染的时代主题下，各民族文化传承与融合的人文生活意境。

（石　越）

永宁寺皇家造像
遗落的笑靥

> 以泥塑佛面像为代表的永宁寺造像群在造像与观者之间营造了强烈的共鸣和亲和感。

在洛阳博物馆藏的众多文物中,各式造像品类繁多,上自两汉,下至明清,或泥塑,或铸造,或石刻,或陶制。而在这些造像中,以泥塑佛面像为代表的北魏永宁寺泥塑造像群,堪称南北朝时期中国佛教造像的精华。

历览各个宗教在中国的兴起与发展,都与洛阳这座城市有着千丝万缕的联系。无论是本土的道教还是外来的佛教、祆教、景教、伊斯兰教,都在洛阳留下了深刻的文化印记。论及佛教,东汉永平求法以后,佛教在中国几度兴盛,尤其在北魏时期更是达到了登峰造极的高度。

北魏孝文帝太和十七年(493),随着都城迁至洛阳,中国石窟寺的营造中心也从平城迁移到了洛阳。自孝文帝之后,崇佛之风日趋狂热,京城洛阳内外共有佛寺一千余所,其中又以孝明帝生母胡太后建立的皇家寺院——永宁寺最为恢宏壮丽。永宁寺于北魏熙平元年开工,次年完工。永宁寺木塔是其标志性建筑,这座木塔共九层,它是中国古代最高的土木结构建筑之一。据文献记载:"时永宁寺九层浮屠去地千尺,去京师百里,已遥见之。浮图北有佛殿一所,形如太极殿。中有丈八金像一,中长金像十,绣珠像三,织成五躯,做工奇巧,冠于当世。"《水经注》记载:"浮图下基方十四丈,自金露盘下至地四十九丈。"依据考古发掘时的测量结果,塔基边长38.2米,正合"下基方十四丈"的记载,可见《水经注》的记载是较为可靠的。结合史料记载和发掘情况,这座木塔的高度应在130米以上。但在永熙三年即公元534年的二月,这座佛塔不幸毁于雷电所引起的火灾,大火三月不熄,"殚土木之功,穷造形之巧"的佛塔就这样灰飞烟灭了。原本供奉在永宁寺木塔中的无数佛像也随着佛塔的覆灭而毁于一旦。

永宁寺遗址分别于1979年、1994年和2000年进行了多次考古发掘,出土了一系列佛、供养人以及发髻、发饰、璎珞等配饰的泥塑造像残件,这些泥塑大多因受烈火炙烤质地变硬而有幸残存至今。这些造像线条洗练简洁,人物形态俊逸,面部神情恬静,带有极强的现实主义特征。其中最具代表性的泥塑佛面像则是在1980年出土,残高25厘米,这件造像只残存了佛像面部的下眼睑、鼻、口、下颌及脸颊等部分,但这件泥塑造像面容丰腴圆润,微微上扬的嘴角流露出神秘而含蓄的笑容,极富艺术感染力。

永宁寺出土所有人物形象的泥塑残件按形体大小分为四类，即大型塑像（复原后身高与人相等或更高，160～300厘米）、中等塑像（复原后身高100～140厘米）、小型塑像（复原后身高约50厘米）和影塑像（复原后身高约20厘米）。泥塑像的塑造工艺极为讲究，几乎全是手工雕塑，各像无论面部或体型都呈现出不同的个性，避免了模制技法的呆板和雷同。

塑像的泥质也十分精细，从内到外一般敷三层：内层用草拌泥或粗泥，中间用泥稍细，外层用泥最细。泥塑面部细腻平滑，各局部也能充分展示细微之处。

这些塑像在整体上表现出一种全新的造型艺术风格，具有鲜明的时代和地域特征，这些风格和特征最突出地表现在人物的头、面部造型和身像服饰两个方面。

泥塑佛面像

仅存双颊、下颌、鼻、口以及双眼下眼睑部分。面部丰腴，从细长的下眼睑可判眼睛细长如弯月，鼻梁挺直，鼻翼稍宽，下颌丰满但不突出。经测量，该佛如加上眉、额、发髻，头部高度可达40厘米至50厘米。如取立姿，身躯可达3米之高。永宁寺塔基出土的数百件佛教造像中，大多为小件，这件佛面是目前为止永宁寺所发掘的最大佛像。该泥塑佛面像，虽然眼部之上已不复存在，但是，古代艺术匠师们把佛不易察觉的深意微笑刻画得震撼人心，给人留下了无限的想象空间，堪称最美东方微笑。

泥塑佛面像

北魏（386—534）
面长24.5厘米，双颊宽23厘米
河南省洛阳市永宁寺遗址出土

中型比丘头像

面容残毁,仅余一耳、鼻子及嘴,嘴角上扬,面带微笑。

小型菩萨头像

菩萨发髻残损,但能看出为向上束起的花瓣状,颇似麦积山石窟菩萨造型。菩萨五官精致小巧,面带微笑。

小型笼冠男性头像

内戴小冠,外套笼冠,小冠大部分被笼冠所覆盖,只有头前、脑后局部露于外面。笼冠形状从正面看似倒置的"凹"字形,头部恰似嵌入其内,高平顶,脸庞两侧笼冠部分一直伸向双耳以下。他们面腮丰润,眉眼细长,鼻子挺直,小口薄唇,神态安详。

小型戴冠男性头像

头戴小冠,有老者,有青年,均面带微笑。

从以上的描述中我们可以看出,在面部轮廓和五官部位刻画上,为了突出佛之法力无边,以及对下界的慈悲,制作者着意表现其雍容大度、恬静含蓄的气质。但对于小型贡像来讲,除了上了年纪有一定身份地位的达官贵人外,大部分少男少女都清纯可爱,面容清秀。虽依稀能看到北魏早期佛教造像的影子,但是不再像以前那样夸张,比例较为恰当,情态更加传神。

中型比丘头像

北魏（386—534）
河南省洛阳市永宁寺遗址出土

小型菩萨头像

北魏（386—534）
河南省洛阳市永宁寺遗址出土

小型笼冠男性头像

北魏（386—534）

河南省洛阳市永宁寺遗址出土

小型戴冠男性头像

北魏（386—534）
河南省洛阳市永宁寺遗址出土

　　永宁寺塑像的身体与头部多已分离，除少量身像为佛、菩萨装外，绝大部分是影塑相中的世俗供养人及他们的侍从像。总体来看，这些身像比例匀称，形体俊逸，均着褒衣博带式服装，广袖长裳。这些服饰自然宽松，形式简约，衣纹疏散不繁缛。影塑身像中大多是参加礼佛的供养人身份，他们或立或坐，拱手胸前，所着俗装更为褒博，圆润的衣褶下泻流畅，呈现出一种丝绸般轻薄的质感。

　　北魏的统治者鲜卑族人起源于东北嘎仙洞，经过在松嫩地区的世代繁衍生息，逐渐发展成为先后建立了十余个政权的强大民族。北魏统治者经历了草原时代和平城（今山西大同）时代后，孝文帝迁都洛阳，正式入主中原。从迁都的步骤和时间来看，自太和十七年（493）九月定迁都之计，次年十月正式迁都，再到太和十九年（495）九月尽迁洛阳，迁都前后跨越了三年时间。平城与洛阳的规划和内容大抵一致，旧京对新都的规建具有深刻影响，包括宫殿庙堂、城内里坊、苑囿湖池等多个项目。北魏统治者崇佛之风日盛，据《北史·儒林传》记载，孝文帝"善谈老庄，尤精释义"，另据《洛阳伽蓝记》也记载，洛阳范围内佛寺的数量多达1367座，如此对佛教的推崇备至在迁都洛阳后依然延续，自此，"赖经闻佛，藉像表真"的观念深入人心。

佛教造像艺术随着佛法东渐的路径，首先由中亚传至我国新疆地区，公元3至4世纪形成了带有印度本土和犍陀罗形式的龟兹石窟造像风格，继而对我国河西、陇右地区的石窟造像产生影响，形成了以炳灵寺石窟、天梯山石窟等为代表的西秦、北凉风格造像，是为"凉州风格"诞生，也代表着中国佛教造像艺术的滥觞。此后一路向东、向南渐次扩展，形成"云冈模式"与"龙门模式"。中国的佛教造像艺术经历了长达几个世纪的发展，造像的身材比例、服饰配饰、面部容貌乃至表情神态都在经历着变化，最终随着北魏王朝迁都洛阳而逐步完成了佛教造像的世俗化和中国化，同时又以洛阳为中心辐射四周，发扬光大。随着汉化改革的深入进行，无论佛教人物抑或世俗人物，塑造的法度都经历着润物无声式的变革。龙门较之于云冈，佛、菩萨形象的神态由肃穆可畏变为慈爱有加，衣着由通肩或偏袒右肩式袈裟变为褒衣博带，体型也由稚拙雄劲更趋于清瘦疏朗。世俗人物的塑造则主要表现在面容、形体的变化，衣着变化亦甚，平城时代常见的头戴风帽，身着左衽窄袖长袍的胡人形象大多变为头戴巾帻，身着广袖袍服、外罩裲裆铠的汉人衣饰。

著名考古学家宿白先生认为:"公元5世纪末和6世纪中叶,中国北方地区在造型艺术中有两次变化,表现在人物形象上尤为明显。这两次变化和中原北方统治集团锐意汉化,模拟南朝制度风尚有直接关系。"这种变革的原因,一方面"上有所好,下必甚焉",以拓跋部领导的北魏贵族阶层主动融入汉文化;另一方面是"河阴之变"以前的北魏政局相对稳定,魏晋遗风的根基犹在,加之太和、景明年间南朝齐、梁更替,江左人才学士纷纷归附北魏,中原本土汉文化得以复兴;再则,魏晋时期绘画领域的顾恺之、陆探微以其生动、传神而又兼具风骨的审美情结也不无影响。

以泥塑佛面像为代表的永宁寺造像群,虽没有东汉说唱陶俑的诙谐幽默,也没有唐代三彩器华丽而绚烂的釉色,但它们却在造像与观者之间营造了强烈的共鸣和亲和感。如果我们把秦始皇陵兵马俑作为中国写实主义的肇始,北魏永宁寺造像则在写实的基础上更加灵动飘逸,更具观赏性,也更具审美意趣。它们诞生于魏晋南北朝这样大变革和艺术家"自觉"的时代,政治和经济的变革,文化和艺术的发展融合,为这一时期造像艺术的成熟提供了重要的基础。鲜卑北方民族文化、佛教艺术、南朝及中原固有汉文化的深度交流碰撞,成就了北魏造像"洛阳模式"这一艺术巅峰,于后世也产生了深远的影响。

(胡 寅 马正丽)

含嘉仓刻铭砖
硬核入库凭证

> 含嘉仓刻铭砖作为隋唐盛世的历史印记,让"天下第一粮仓"含嘉仓成为人们研究隋唐大运河漕运历史的重要窗口。

含嘉仓刻铭砖,青灰陶质,出土于隋唐含嘉仓遗址。该砖表面呈方形,磕损较重。

隋朝末年,当时的国家粮仓——回洛仓成为各方势力争夺的焦点,一旦失守,洛阳城中就会面临断粮的威胁。隋亡之后,唐王朝吸取教训,将国家粮仓设在城内,也就是盛极一时的隋唐含嘉仓,并严加防卫。含嘉仓始建于隋,唐代杜宝《大业杂记》记载:隋大业年间,在洛阳城的宫城东北建含嘉仓,四周有城墙和城门,也有漕运码头。它又被称为含嘉仓城,是隋唐洛阳城的重要组成部分。经过隋唐两代的发展修建,唐时含嘉仓已成为当时大型官仓之一。根据史料记载,天宝八年(749),全国"诸色

含嘉仓刻铭砖

隋唐(581—907)
长宽33厘米,厚6.5厘米
河南省洛阳市含嘉仓遗址出土

仓粮总千二百六十五万六千六百二十石（dàn）"，其中含嘉仓的储粮有"五百八十三万三千四百石"，将近占全国储粮数的二分之一，可见含嘉仓规模之大。含嘉仓被考古人员发现，是在20世纪70年代初。当时，人们在发掘一座编号为19的地下仓窖时，看到一块刻铭砖，上面有10行文字，不仅记录了这座仓窖的位置，而且有粮食来源、存入日期、仓吏姓名等。更关键的是，铭文前面有"含嘉仓"三个字，这让考古人员又惊又喜。随后，含嘉仓的更多仓窖和刻铭砖被发现。

含嘉仓城平面呈长方形，四面筑有夯土，总面积达43万多平方米。由城墙、道路、仓窖和管理区等部分组成，东西南北共有四个城门相对应，南门曰含嘉门，北门曰德猷门，东门曰东门，西门曰中门，城内有东西大街、南北竖街与四门相通。城内的西北部是生活"管理区"，东南部是漕运码头。窖区排列有序，一般东西成排，南北成行，整个仓城分布着口径15米左右、深度10米左右的仓窖400余座。其中160号窖掘出满窖唐代碳化的粟米遗存，根据现有的体积推算约50万斤，相当于当时数千农民一年的口粮。遗址同时出土了刻铭砖、灰砖、灰瓦、陶器残片、铁器、铜钱等遗物，其中刻铭砖最为重要，通过刻铭砖铭文记载的内容，我们对唐代的官制、管理制度、含嘉仓粮储规模、品种、数量等的研究都有了科学依据，印证了史料记载的真实性。

含嘉仓是当时的国家粮仓，从出土的刻铭砖足以证明这一点。刻铭砖的作用，跟入库凭证类似。它放置在每座仓窖的底部，标明该仓窖所储粮食的品种、来源及存入时间等。据史料记载，唐时官粮入库，在质量检查合格后，经御史监察检查后，要铭砖题牌封存。就是要将储藏的相关重要信息，镌刻或墨书于砖上。《旧唐书·职官志》太仓署条有记载："凡凿窖置屋，皆铭砖为庚斛之数，与其年月日，受领粟米官吏姓名。又立牌如其铭。"说明凡是官仓开凿的粮窖，都要备有两份相同的记录，一份要镌刻在砖上，藏于窖内，一份书于木牌上，立于仓窖处，便于考查，杜绝差错。

此砖残存铭文110余字：

"含嘉仓东门，从南第廿三行，从西第五窖。□苏州通天二年租糙米白多一万三□□十五石□内

右圣历二年正月八日纳了

典刘长／正纲录事刘爽／仓史工花／监事杨智／丞吕彻／丞赵瓛／令孙忠／令思／寺丞知仓事张琮／左监门王宣／右监门贾立／长上庞防／押仓史孙亮／监仓御史陆庆□□瑞同"

通过铭文，我们首先明确了仓窖的位置，"含嘉仓东门"，以东门为坐标点，存入从南向北数第二十三行，从西向东数的第五窖。然后，则记录了此次入窖粮食的来源、品种、数量等相关信息，即武则天万岁通天二年（697）从苏州（今江苏苏州）运出的租粮"一万三□□十五石"糙米。接下来则记录了这批粮食运达含嘉仓，送入仓窖时间为圣历二年（699）。铭文末记载了所有经手这批粮食的官员及其姓名："典"为唐代一般官衙中之胥史，是一种低级衙吏；"正纲录事"，"正纲"应为主管纲运的官

员，可能为外地的官吏；"仓史""监事"，应是含嘉仓本仓的胥史、官吏；"寺丞知仓事"，应是以寺丞的身份暂主仓事，位列在"丞""令"之后；"左监门""右监门"是左右监门校尉的简称。"长上"也应是武职官吏；"押仓史"是低于"监仓御史"的职务；"监仓御史"，是当时政府指派的御史监仓，足见当时政府对此的重视程度。从铭文记载可以看出应是按官职高低，顺序排列，职位高的在后。官员主要是由负责运输租粮的官员、管理粮仓的官员和承担门卫及守护粮窖任务的官员组成的。

从含嘉仓出土的刻铭砖来看，在唐高宗、武则天和唐玄宗时期，这里的粮食基本来自运河沿线城市，如苏州、徐州、楚州（江苏淮安）、润州（江苏镇江）、滁州（江苏滁州）、冀州（河北冀州）、魏州（河北大名）等，有糙米、粟、小豆等品种。隋唐时期，朝廷对国家粮仓的管理十分用心。含嘉仓的地下仓窖经过火烤及铺设木板、苇席等干燥处理，可以长期保存粮食。粮食丰足，又为唐王朝开创盛世打下了基础。"忆昔开元全盛日，小邑犹藏万家室。稻米流脂粟米白，公私仓廪俱丰实。"在《忆昔》一诗中，杜甫描绘了开元盛世的富足景象。当时"人家储粮，皆及数岁"，这也是一个例证。到唐玄宗天宝八年（749），全国的大型粮仓共储粮约1200万石，其中含嘉仓储粮约580万石，几乎占了半壁江山。毫无疑问，它是唐朝最大的国家粮仓，也是朝廷的定心丸。在此之前，武则天长期在洛阳执政，含嘉仓的粮食也是满满当当的。长安缺粮，也需要从洛阳含嘉仓调拨，但这两地隔着三门天险，漕运困难，有时候，在长安的皇帝只能做"逐粮天子",率众就食洛阳。比如在更早的公元682年,关中闹饥荒,唐高宗出行仓促,在前往洛阳的途中时常也有随从被饿死的情况。

相比于故宫的豪华和长城的雄伟,含嘉仓显得十分低调,但实用性却不是其他建筑可比拟的,可以说是古代王朝的底蕴所在,直至今天,含嘉仓已被发掘的粮库多达三百多所,几乎可以存储全国半数以上的粮食,这样规模的粮仓,不仅在中国,就是在全世界都属于绝无仅有的存在。曾历经万国来朝场面的含嘉仓,随着唐王朝的衰落,它的仓窖也渐渐空置,难以重现往昔的繁荣。但是含嘉仓遗址的发掘,对于今天发展水路运输及仓储保管技术具有重要的启示和借鉴意义,含嘉仓刻铭砖作为隋唐盛世的历史印记,让"天下第一粮仓"含嘉仓成为人们研究隋唐大运河漕运历史的重要窗口。

(王 钰)

诸道盐铁使印

古代官制论

> 小小的一枚官印，背后反映的却是古代中国中央行政体制在唐宋之间发生的深刻变化，对研究中国古代官制史、财政史具有极为重要的意义。

洛阳博物馆藏"诸道盐铁使印"，据说是在洛河滩挖沙时偶获，1982年9月征集所得。此印篆书朱文"诸道盐铁使印"六字，铜质，上端微作弧形。单从"诸道盐铁使印"几个字来看，似乎可以初步判断这是一枚官印。但往更深层次追究，我们不禁要问这枚"诸道盐铁使印"到底属于哪个朝代？"诸道盐铁使"又是什么样的存在呢？

根据《中国历史大辞典》的解释，诸道盐铁使，唐乾元元年（758）始设，"以度支郎中第五琦为诸道盐铁使，掌盐铁专卖，兼及矿冶，以聚敛军资。……或与转运使合为一职，称盐铁转运使"。

公元758年的唐王朝，正笼罩在安史之乱的战火阴云之下，由于战争

诸道盐铁使印

唐（618—907）
通高5厘米，印面6.1厘米见方。纽高3.3厘米，宽3厘米，厚1.2厘米
1982年征集

的荼毒，政府财政进一步陷入困境。正是在这样的严峻背景下，唐肃宗任命第五琦为度支郎中兼诸道盐铁、铸钱使，"盐铁名使，自琦始"。第五琦在任上创立盐法，即由政府全面控制盐生产、销售的流通过程，垄断盐价，获得厚利，史称"百姓除租庸外，无得横赋，人不益税而上用以饶"。而这一年，唐王朝蠲免了天下百姓庸调，可想而知，作为替代的应该正是第五琦的榷盐收入，所以李锦绣先生在《唐代财政史稿》中提出："盐利第一次代替国家主要税收而成为经费重要来源，第五琦盐利收入之可观及国家对其倚重程度均于此可见。"

第五琦之后，另一位著名的盐铁使官员为刘晏，上元元年（760），刘晏为户部侍郎，此后近二十年，除了短暂罢使过一段时间以外，就一直由其担任盐铁、转运等使。任上，刘晏改变了长期以来朝廷向各道临时差派使臣办理财赋的做法，在地方建立起了盐铁转运使的派出机构留后、巡院、监场，"专委使臣，每道有院，分督其任"，使其固定化、制度化。通过这些机构、官员，将帝国东部各地盐铁、米粮、轻货等"轻重之权，悉制在握"，形成了一个"盐铁官、漕运职，大小远迩，罗布于四方"的控制网。刘晏之后，他的继任者们始终沿用这套体制和做法。对于刘晏的种种措施，李锦绣先生在《唐代财政史稿》中对其做了高度的评价，称其改革"奠定了唐后期财政机构的基础"。所以，刘晏作为唐朝历史上杰出的理财家，在盐铁使发展史上具有里程碑意义。

第五琦、刘晏的事迹让我们大致了解了盐铁使的职掌，那么，它在唐代中期的职官体系中处于一个什么样的位置呢？宋代学者王应麟的《玉海》中记载："自乾元元年至天佑元年，为盐铁使者四十有二人"，其中包括第五琦、刘晏、元载、杜祐、柳公绰、令狐楚、马植、裴休、韦昭度等，而在这四十余人中，曾经担任过宰相的就将近三十人。由于盐铁转运使自诞生之日起，就执掌着唐王朝的财利大权，"领钱谷传输之重，资国家经费之本"，担任这个使职的往往位至宰执，或以宰相兼领，可以说是一时之选，位高权重。《新唐书》称宰相自开元以后"常以领他职、实欲重其事，而反轻宰相之体。……时急财用，则为盐铁转运使"，这种现象在当时引起了不少人的反对，如韦处厚说："论道之地，不宜杂以鹾务。"鹾，即盐。他认为宰相兼领盐务，有失体统，但纵使屡遭非议，因任使而升宰相，或以宰相领使，却始终无法废除，成为惯例。由此可以看出，盐铁使在唐朝中后期的官僚系统中占据着何等重要的地位！

回到"诸道盐铁使印"本身，它的价值到底体现在哪里呢？这就要首先从一部书——《唐六典》说起。这部书是唐玄宗下令修撰，由张说、张九龄等人编纂而成。它是关于唐代典章制度一部集大成之作，细密翔实地对唐朝前期的行政体制进行全景式概括，是我国现存最早的国家行政法典。按照《唐六典》设置，唐朝中央政府组织架构包括中书、门下、尚书三省，其中中书省主出令，门下省主审议，尚书省主奉行。尚书省下分设吏、户、礼、兵、刑、工六部，为国家行政管理机关。此外，则还有九寺五监等中央政府办事机构。这就是我们耳熟能详的三省六部制。

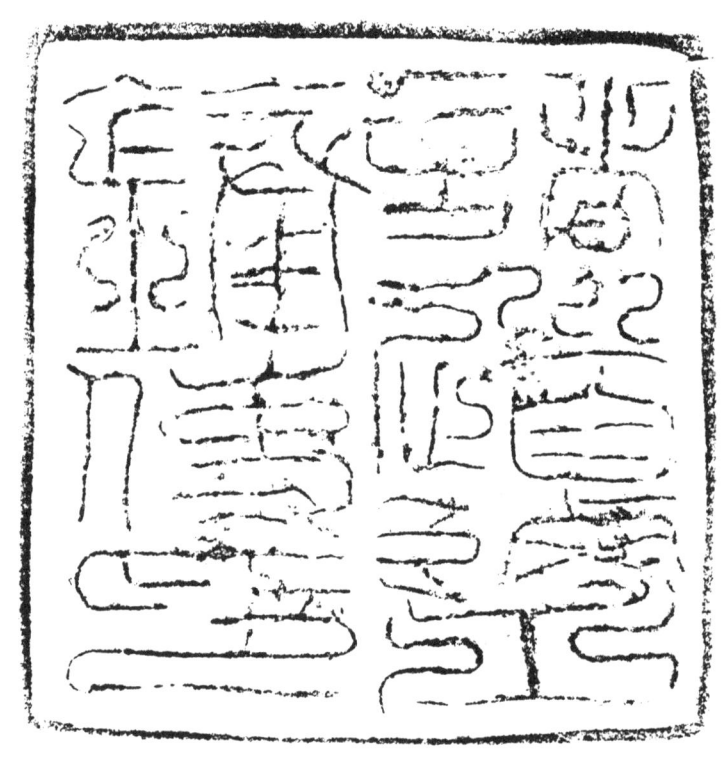

诸道盐铁使印

时间继续往前走，来到宋朝，来看宋人是如何总结唐朝制度的："唐制，省、部、寺、监之官备员而已，无所职掌，别领内外任使，而省、部、寺、监别设主判官员额"，即认为唐朝的三省、六部、九寺、五监等机构不过是虚有其表，实际上并没有职掌。那么问题出现了，同样是关于唐制的论述，为什么唐人和宋人在认知上却截然相反呢？

原来，在唐代有以皇帝临时任命的使职代替行政系统内部原有官职去执行使命的做法，这种现象在唐初还只是偶有发生，至玄宗开元年间已愈演愈烈。安史之乱爆发后，唐政府原有的官僚系统几乎瘫痪，再加上战乱之后百事待举，各种使职更是层出不穷，并且一旦设置，就再难废罢。

所以，经过唐末五代的演变，宋人看到的已经是一个迥异于制度设计的唐制了，比如此时以盐铁、户部、度支为代表的三司使已经被称为"计相"，统理着全国财政事务，原来的尚书户部几乎只剩下空壳了。

小小的一枚官印，背后反映的却是古代中国中央行政体制在唐宋之间发生的深刻变化，对研究中国古代官制史、财政史具有极为重要的意义。它的存在不仅是这种深刻变化最直接而又关键的实物证据，更像是在提醒我们：中国古代官制不是静态的、一成不变的，而是一个不断损益演进的过程。所有的历史爱好者和研究者要学会以发展的眼光凝望它、审视它，才能发现隐藏在历史深处的密码，这也不正是历史的本色和魅力所在吗？

（芮　星）

恭陵美陶

如梦似幻

> 其釉色纯正,胎质精细,是出土众多釉陶器中的上乘之作,代表着皇家釉陶器的制作水平。

洛阳博物馆通史陈列隋唐厅中,展出的一批非常精美的釉陶器。其数量之多、釉色之美是以往发掘的洛阳唐代文物中所罕见的。其釉色纯正,胎质精细,是出土众多釉陶器中的上乘之作。它们出自洛阳偃师唐恭陵,代表着皇家釉陶器的制作水平,共有28件,多为生活用品。其中有双龙尊、葫芦瓶、盘口壶、盂、盆、灯、长颈瓶、带盖三足罐、带盖罐、四系罐等。除少量的三彩器外,多为蓝、红、白三种单色釉。

蓝釉双龙尊

蓝釉双龙尊盘口,长颈,圆肩,鼓腹,平底,肩至尊口饰两首相对的

蓝釉双龙尊

唐（618—907）

通高32厘米，口径8.8厘米，底径7.7厘米

河南省洛阳市偃师唐恭陵出土

蓝釉葫芦瓶

唐（618—907）
高22厘米，口径3.5厘米，底径7厘米
河南省洛阳市偃师唐恭陵出土

蓝釉灯

唐（618—907）
通高33.6厘米
河南省洛阳市偃师唐恭陵出土

龙形柄。施蓝釉基本到底，底部无釉。同出的还有一件形制、大小相同的红釉双龙尊，胎质细腻，白中略红。

蓝釉葫芦瓶

　　蓝釉葫芦瓶呈葫芦状，平口，平底，底部有三个小垫饼状支烧痕，有的小垫饼还粘接在瓶底。通体施蓝釉，底部无釉。瓶造型优美，胎釉纯正，在洛阳唐墓中尚属首次发现。与之同出的另外两件形制、大小相同的葫芦瓶，施红釉，施釉方法与蓝釉葫芦瓶相同。

蓝釉灯

　　灯上有小盘，盘中有圆柱形灯钎，下有灯柱，灯柱下有一大盘，盘下

蓝釉长颈瓶

唐（618—907）

高25厘米，口径9.7厘米，底径8.6厘米

河南省洛阳市偃师唐恭陵出土

蓝釉四系罐

唐（618—907）

高30厘米，口径10厘米，底径11.7厘米

河南省洛阳市偃师唐恭陵出土

有喇叭形圈足。通体施蓝釉到圈足，足内无釉。

蓝釉长颈瓶

喇叭口，细长颈，圆肩，长柱形腹，腹中部略鼓，圈足，瓶口有三个圆形小支钉痕。通体施蓝釉到足底，底部无釉。支钉痕较为独特，类似于宋代御用汝瓷上的支钉痕，比汝瓷上的支钉痕略大。

蓝釉四系罐

直口，圆肩，鼓腹，平底。口沿至肩饰四系，口沿处有三个细长条状支钉痕。通体施蓝釉不到底，底部无釉。罐整体显得浑厚大方，是洛阳出土四系罐中的精品。此次唐恭陵共出四系罐5件，有蓝、红、白三种釉色。

红釉带盖三足罐

唐（618—907）
通高21厘米，口径13厘米，盖径10.5厘米
河南省洛阳市偃师唐恭陵出土

其中3件较大，分别施蓝釉和红釉；2件较小，形制、大小也相同，高20厘米，分别施蓝釉和白釉。白釉四系施无色透明釉，施釉均匀。在洛阳众多唐代墓葬中，直口四系罐最为常见，但直口四系罐中施蓝釉和红釉者却少见，特别是施蓝釉者更是罕见。

红釉带盖三足罐

卷唇侈口，圆肩，鼓腹，圜底。底部有三兽蹄足。盖有握手，上有三个圆形小支钉痕。口沿处有三个细长条状的小支钉痕。通体施棕红釉，罐底及足部无釉。红釉带盖三足罐共出土有2件，形制、大小相同。另有一件形制、大小相同的蓝釉三足罐，施釉方法与红釉罐相同。

红釉带盖罐

唐(618—907)

通高32.5厘米,口径13.5厘米,底径11.5厘米,盖径14.3厘米

河南省洛阳市偃师唐恭陵出土

红釉带盖罐

  罐敞口,圆肩,鼓腹斜收,平底。盖有握手,盖上有三个圆形小支钉痕。罐的口沿处有三个细长条状小支钉痕。通体施红釉基本到底,底部无釉。

  综观恭陵出土的这批釉陶,胎质细腻,白中泛红。釉光有非常强的玻璃质感。施釉方法大体相同,器体多有流釉痕,为多层施釉而成。无论制作水平、品质品相,均是其他墓葬出土的釉陶器所无法比拟的!

  唐恭陵位于偃师市缑氏乡滹沱村西南景山之巅,因是唐高宗太子李弘的陵墓,故俗称"太子冢"。在其东北50米处,有一方锥形土冢,俗称"娘娘冢",为哀皇后的寝陵。太子李弘,字宣慈,是唐高宗李治的第五个儿子,武则天的长子。显庆元年(656)正月,被立为太子,后因与武则天政见不合,于上元二年（675）四月饮鸩而死，年仅24岁，追谥为"孝敬皇帝"。朝廷令蒲州刺史李仲寂为山陵使，征用河南、山西等数省民夫，在景山按照埋葬天子的制度，修建了此陵，庙号"恭陵"。此批釉陶器出于李弘之妃哀皇后的寝陵。其器物造型优雅得体，胎质细腻精致，经多次施釉，使层层釉色分明。红釉似红云满天，蓝釉似瀑布倾泻，其制作气象极具有皇家风范。特别是出土的一大批蓝釉陶器，更是难得的珍品。蓝釉的主要物质为氧化钴，此种原料的来源，目前学术界尚有争议，有人认为是国产料，有人认为是进口于西亚的原料，因而蓝釉在唐代陶瓷中使用很少。以往洛阳出土的纯蓝釉陶器仅有罐和净瓶等少数几件，西安出土有极少数的纯蓝釉生活用器，而其他出土唐三彩和釉陶的地方，目前尚未见有纯蓝釉陶器。因此，纯蓝釉陶器可能为皇帝和少数皇亲贵族专用，属高档陪葬物品。

那么，这批器物的产地在哪里呢？首先，可以认为这批陪葬用品是皇家指定御用窑场烧造的。唐中宗景龙元年（707）曾"谕新平总监烧造祭器供皇陵之用"，又依《旧唐书》载：在"将作监"下设有甄官署，"掌供琢石、陶土之事，凡石磬、碑碣、石人、兽马、碾硙、砖瓦、瓶罐之器，丧葬明器皆供之"。20世纪70年代，在陕西考古发掘了唐章怀、懿德太子墓和永泰公主墓，出土了一批三彩器和釉陶器，证明了唐代皇家御用窑场的存在。20世纪80年代，在陕西铜川黄堡镇发现了烧制唐三彩和釉陶器的窑场，出土了许多唐三彩和釉陶器，证明了西安皇陵的相当一部分三彩器和釉陶器为本地所烧。太子李弘死后本应"瘗埋京都，近侍昭陵，申以奉先之礼，顺其既望之志"，却因"农垦在俟，田务方殷。重为关辅，恐为劳废。遂割一己之慈……故殓绝于殊，明器惟恣瓦木"。然而，李弘被葬于洛阳，随葬的釉陶未必就是在洛阳烧制的。恭陵釉陶与洛阳大量出土的单色釉陶相比较，其釉色显得发灰发暗。例如，洛阳博物馆馆藏洛阳出土的蓝釉净瓶和蓝釉罐，不仅胎体烧结致密洁白，其釉色也显得浓艳烈紫。恭陵釉陶的胎体虽然烧结细腻精致，然其致密度显得不够，叩之无有清脆悦耳的金属声，不能以瓷胎论之，且胎体色泽多以白中泛红色为主。众所周知，洛阳的唐三彩和釉陶器以洁白致密近于瓷胎而著称，西安地区的唐三彩和釉陶器却以白中泛红的陶胎著称。恭陵红釉器的色泽与西安皇陵中的红釉器色泽也相近。因此，此批恭陵釉陶可能为"甄官署"监制于长安某御用窑场。

（李会玲）

海兽葡萄纹铜镜

丝绸之路的馈赠

这面凝结了欧亚大陆文明的铜镜，反映了唐文化自身的繁荣昌盛，以及大唐对外来文化兼容并蓄的气魄。

这件海兽葡萄纹铜镜，镜面呈圆形，镜背正中有一兽纽。镜面采用浮雕工艺装饰，分内外两区。内区以兽纽为中心，浮雕海兽、禽鸟、葡萄纹，边缘饰一圈连珠纹；外区饰禽鸟、蜻蜓、葡萄，边缘一圈花朵形装饰，整个画面显得主次有序、生动活泼。

中国古代铜镜发展史有四千多年，先后经历了几个时期：早期以齐家文化、商周铜镜为代表，流行期以春秋战国铜镜为代表，鼎盛期以汉代铜镜为代表，繁荣期以隋唐铜镜为代表。唐代是我国铜镜发展史上最辉煌的时期，是一个创新的时代。在继承前代工艺并吸取外来文化因素的基础上，唐镜以形式丰富多彩，题材新颖和制作精良著称于世，被视为古代文化的

海兽葡萄纹铜镜

唐（618—907）
直径13.7厘米，厚1厘米
河南省洛阳市新安县出土

珍品。它摆脱了汉镜的拘谨板滞，侧重于自由写实，其图纹从汉代铜镜的繁杂、拘谨、呆板，变得简练、流畅和清新，制作工艺也极为精细。既有艺术的魅力，又有与现实生活的和谐统一。飞禽走兽、植物花卉纹饰是这个时期铜镜装饰的主要题材。铜镜是由铜锡合金铸造，唐代在铜料中增加了锡的比重，使铜料的颜色净白如银，制成的铜镜青光闪闪，镜面平滑光亮。铜镜背面的图案布局也颇具巧思，一反从镜纽到边缘作同心圆层层布置的程序，变得简练明快，清新流畅，图案题材更是多种多样。

海兽葡萄镜是唐代铜镜最引人注目的门类，早期也被直接称为海马葡萄镜。"海马"和"海兽"指的就是西域的大宛马和狮子的形象，有学者认为海马或海兽的海，不是指大海，而是指海外。因为古人的地理知识有限，往往把从遥远地方输入或引进的东西都冠以"海"字，海马、海兽因此得名。至于葡萄，早在西汉张骞出使西域时就曾有把葡萄带回上林苑种植的记载。唐人对葡萄的吟咏在各种诗词中也有很多，著名的如王翰《凉州词》中就有"葡萄美酒夜光杯，欲饮琵琶马上催"的名句。瑞兽葡萄镜在当时之所以特别流行，主要是因为葡萄枝叶蔓延、果实累累，象征着富贵长寿和多子多福，加之瑞兽又与李唐尊奉的道教思想相符合而呈现吉祥瑞意的内涵，因而深受唐人的喜爱。

根据史料记载的情况可以判断，海兽葡萄镜在唐代高宗和武周时期较为流行，镜子整体呈高浮雕效果，是唐镜中装饰最繁密的一类，形制多为圆形，也有少量方形或菱花形，使用范围主要在唐代的关内道、河南道、淮南道等地。这种铜镜在洛阳地区也有大量发现,镜背主要装饰海兽以及葡萄的枝蔓和果实。海兽是古人以狮子为蓝本创造的神兽,而狮子和葡萄都原产自西域,在流行于内地的铜镜上装饰西域的物种,由此可见,唐代与西域乃至欧洲的文化和经济交流十分密切,许多物种和工艺都沿着丝绸之路传到中原,传到洛阳。在铜镜的式样上,突破一直以来的圆镜和方镜的局限,出现了菱花形、葵花形和带手柄的铜镜,在尺寸方面也出现了直径超过30厘米的大镜。铜镜的使用方式也开始多样,不再单一被用作日常使用,也兼具装饰、占卜、馈赠等多种用途。

唐代国际交流频繁,这面凝结了欧亚大陆文明的铜镜,反映了唐文化自身的繁荣昌盛,以及大唐对外来文化兼容并蓄的气魄。

(程卉丽)

金银平脱鸾凤花鸟纹铜镜

极尽工巧 华美绝伦

平脱器物出土数量相较其他材质和制作工艺的唐代文物甚少，像洛阳关林出土的这件金银平脱鸾凤花鸟纹铜镜，精工细作而又保存完整的更显弥足珍贵。

1970年，洛阳博物馆配合基建工程建设时，在洛阳关林发掘清理出多座唐代墓葬，其中一座墓葬由出土墓志可判断其墓主人是唐代中散大夫、景城郡别驾卢廷芳的女儿卢氏。

这座墓葬的墓主人下葬时间为唐天宝九载（750），通过发掘清理，出土陶俑、铁锁、铜洗、白瓷罐、钱币、铜下颚托、石质墓志等共计200余件，尤以一面金银平脱鸾凤花鸟纹铜镜较为少见。

这面金银平脱鸾凤花鸟纹铜镜为八出葵花形，镜背正中有一半环形纽，镜纽周围以两周银丝和银绳索纹间隔出两重纹饰，主体纹饰有金银片制成的覆瓣莲花、牡丹等各色花卉、飞蝶及衔绶的鸾凤，平脱装饰以银为主，

金银平脱鸾凤花鸟纹铜镜

唐（618—907）
直径30.5厘米，重2.74千克
1970年河南省洛阳市关林出土

仅有飞蝶和部分花苞以及绶带末端的丝绦用黄金制成。可以想见黑褐色深沉的镜背用大量银片装饰,并以黄金点缀,可谓极尽工巧之能,堪称华美绝伦。

平脱作为大漆髹饰工艺的一种,在唐代较为流行,其工艺也极为耗时费工。制作时,先在素胎表面用大漆作地,并利用大漆的黏合性把事先剪裁、錾刻好形状和纹饰的金、银丝片黏附在漆地上。大漆干燥后进行反复多次髹漆、干燥、打磨、推光,使大漆层与金银装饰层形成完美的平面,故名为金银平脱。然而文字的叙述远不及实际操作的难度系数。大漆是漆树的天然树脂,虽然漆树在中国的种植较为广泛,但割取较为耗时且产量相对有限。同时,大漆干燥固化是氧化聚合反应,这个过程对湿度和温度都有较高要求,在相对湿度达到80%,温度达到25℃左右的环境才能使大漆干燥固化。因此,干燥条件不达标时还需要人为制造出适宜的温湿度,这也成为古代漆器主要集中在扬州、襄州等楚地和南方地区制作的重要原因。而为了使漆壳具有较高的硬度和光泽度,工匠还会在大漆中加入一定量的矿物质和金属化合物成分,如此就使漆胎打磨的工序增加了难度。一件看似简单的漆器背后,工匠付出之辛劳可想而知,而平脱器物的特点在于金银特有的明快光感与沉稳庄重的大漆形成鲜明对比,质感强烈,又有温润光洁的视觉和触觉体验。

中国先民在新石器时代早期就已经开始使用天然的大漆作为装饰和黏合的材料。从发掘情况来看,浙江河姆渡遗址出土的距今近约七千年的朱漆木胎碗，为中国人运用大漆的最早实证，到了两汉时期，运用大漆与金属结合的装饰技法逐渐流行，经过两晋南北朝的发展，平脱工艺更加趋于成熟，纹饰更加复杂瑰丽，应用范围也更加广泛，涵盖酒具、寝具、盛食器等诸多方面。从目前出土的情况来看，由于是金属胎体的质地较容易保存，所以唐代平脱器物以铜镜较多。又因平脱器物工艺繁复、价值昂贵，因此在唐代贵族相对集中的西安、洛阳及其周边地区发现的概率较高。

由该墓葬出土的墓志的志文可以得知，墓主人卢氏的父亲卢廷芳的官职是中散大夫、景州别驾，品秩为正五品上，是唐代安史之乱以前统治阶层的中高级官员。也有学者对目前已经发表公布的各类资料进行统计梳理，唐代平脱器物中铜镜仅有十余面。从历年来陕西、河南两地有明确出土信息的平脱器来分析，墓主人也多为中高级别官员或其亲属，说明唐代能够用平脱器物随葬者的社会地位和经济水平较高，绝非普通百姓所能拥有，常作为帝王赏赐重臣亲信或馈赠重要外宾之用。如在北宋初年成书的《太平广记》中记载了这样一件事：天宝年间，赴任新淦县丞的官员韦栗，在途经扬州时他的女儿想要买一面直径一尺的"漆背金花镜"，这面铜镜要价五千钱，虽然后来又降至三千钱，但仍以太过昂贵为由被韦栗拒绝，而这里的"漆背金花镜"应该就是金银平脱镜。《资治通鉴》则记载了玄宗开元年间"东都斗米十五钱"，我们通过当时洛阳的米价就不难看出金银平脱镜的价格对于一个普通人显然是承受不起的，足见在唐代能够拥有金银平脱镜的人非富即贵。

金银平脱鸾凤花鸟纹铜镜(细节)

漆器是古代上层贵族的专享，而金银平脱作为髹漆和镶嵌工艺在唐代的创造性运用，因其工艺极为复杂且大漆经过长期保存会失去一定原有特性，尤其是在唐代安史之乱之后，由于战争引发的经济衰退，国力不足，面对如此境况，唐代的肃宗、代宗两位皇帝在位时期都曾因太过靡费而下诏禁止平脱器物的生产和使用。唐肃宗至德二年（757），"禁珠玉、宝钿、平脱、金泥"；唐代宗大历七年（772），"诏诫薄葬，不得造假花果及平脱、宝钿等物"。另外，唐代的手工业尤其是制瓷业长足的进步，一时间瓷窑林立，而瓷器的烧造相比漆器尤其是平脱一类的器物，制作成本和周期方面有着自然的优势，尽管中国的漆器制作工艺对周边国家也产生了一定的影响，但终究不能阻碍瓷器在社会生活中逐渐占据主导地位，此后漆器逐渐摆脱了生活器皿的实用功能，更大程度上成了供人赏玩的艺术品。而像平脱这类靡费工料的器物也就逐渐淡出了人们的视野。由此也可以看出，平脱器物出土数量相较其他材质和制作工艺的唐代文物甚少，且大多出现于安史之乱以前的唐代早中期或中期墓葬当中，像洛阳关林出土的这件金银平脱鸾凤花鸟纹铜镜，精工细作而又保存完整的更显弥足珍贵。

（胡　寅）

"大秦景教宣元至本经"经幢
——西方经典的大唐唱腔

> 景教经幢的问世，见证了东西交流史中宗教发展的历程，也生动地展示了唐时期各国人民生活、信仰的真实境况。

这件景教经幢出土于隋唐洛阳城洛南东郊齐村，现藏于洛阳博物馆，为国家一级文物。它的发现是继陕西出土的大秦景教流行中国碑及近代敦煌石窟、吐鲁番故城遗址等出土的景教典籍后，国内又一宗教文化的重大发现。它从文物角度展示了唐朝时期景教对佛教经幢石刻的移植、改造和利用，进一步反映了唐帝国时期中外宗教文化相互借鉴、渗透的史实，为理解景教在洛阳乃至中国的传播提供了珍贵的史料证据，它的发现在世界文化史、东西方文明交流史上都举足轻重。

景教是从希腊东正教分裂出来的基督教教派，由叙利亚教士聂斯脱里创立。公元5世纪，景教向东传入中亚阿姆河流域，在粟特诸城邦兴建了

"大秦景教宣元至本经"经幢

唐（618—907）
最长边残长85厘米，最短边残长60厘米，周长112厘米
河南省洛阳市洛南东郊齐村出土

许多教堂。随着丝绸之路的持续开拓和唐帝国的兴盛，景教逐渐东传，并受到官方认可。根据陕西出土的大秦景教流行中国碑记载，唐太宗李世民诏称"波斯僧阿罗本，远将经教来献上京"，并下令在长安城中义宁坊建波斯寺一所，许其传教，这一官方形式的认可使得景教得以在唐朝广泛流传，与祆教、摩尼教并称唐代"三夷教"。

景教在中国传播的过程中注重与本土宗教和文化的融合共生，无论从教义的阐释还是器物形制的择取上都极大地汲取了佛教的表达方式。以此经幢为例，经幢作为唐代出现的一种刻有佛经的多面体的石刻，糅合了刻经和塔的形制所形成的特殊供奉物，常立于佛教信徒墓葬前。在宗教融合的过程中，景教也采用了这种形制手法。这件景教经幢为八面体石棱柱，每面宽15厘米，顶部为一圆形石榫连接一圆形石盘，以此推测该经幢顶部原有高耸的幢顶。经幢大部分完好，但底部残损，有明显地遭受人为破坏痕迹。在经幢的八个面上分别雕刻有两组对称的图形，中间棱刻一基督教十字架图案，左右刻以蔓草纹饰，下饰莲花图案，对称两侧神像面向十字，双手置于胸前作伸举状，形态洒脱，群裾轻扬，突出其仙界空灵脱俗的形象，人物形象衣着颇为汉化，额前佩以双环桃尖形桃发饰，均梳高髻，束以发带，与身后披帛融为一体，线条流畅，与佛教雕刻中的"飞天"有异曲同工之妙。

经幢残存部分字迹清晰，共计存字809个。第一面至第五面第一行刻《大秦景教宣元至本经》一部，遗存经文共19行431字。第五面第二行

"大秦景教宣元至本经"经幢（拓片）

至第八面,刻《大秦景教宣元至本经幢记》一篇,遗存经文共21行348字。此外石幢左上端有题记2行16字,祝词14字。

根据经幢记的记载,此幢立于唐宪宗元和九年(814)安国安氏太夫人墓前,经幢记中详细记载了这一史实:景教僧人清素与堂弟少诚、舅安少连及义叔上都左龙武军散将某某等人,在景教神职人员俗姓为米的大秦寺寺主法和玄应、威仪大德玄庆、俗姓为康的九阶大德志通的主持、见证下,为其死去的母亲"安国安氏太夫人"及"亡师伯"某修建茔墓,并在墓前立此经幢为记。经幢上的题记还显示,公元829年2月16日,这一景教群体又于当地举行了迁葬仪式。

安、米皆为当时西域来洛的粟特人姓氏,通过经幢记,今人可以一窥唐朝时期来洛阳的粟特人群内部宗教信仰活动的实况。经幢出土地隋唐洛阳城东南感德乡,毗邻当时粟特人聚居的"南市"及周边里坊,这里作为唐东都最具异域风情的地区,设置了便于宗教信徒朝拜的各类宗教场所,如祆教徒举行宗教活动的祆祠,以粟特人为主要信徒的大秦寺,景教经幢的发现及内容从侧面也印证了当时丝绸之路的发展中,西域与中原文化、宗教交流的盛况。

在经幢记载的另一篇目《大秦景教宣元至本经》中,则直观地反映了当时景教教义与道教、佛教的融合与借鉴的现象,展现了当时宽松、包容的文化氛围,以及景教在中国传播发展中的特点与演变。首先在称谓中,宣元至本经中有"三才慈父阿罗诃"这样的表述,阿罗诃一词便是佛经中的用语，佛经《大智度论》中曾记载："阿罗诃，名应受供养，佛诸结使除尽，得一切智慧故，应受一切天地众生供养。"此外有诸如"景通法王"等文字，法王一词亦是借鉴佛教中的尊称。景教借鉴佛家对于天神的称谓来表述景教中神祇的地位与尊号，目的是在传播过程中更为贴近当时盛行的佛教，从而赢得更为广泛的信众支持。其次在行文风格中，景教教义体现了充满儒家伦理色彩和实用主义色彩的译注，它既吸收了道教的清净、无为的思想，也吸收了儒家学说中的仁孝，在宣讲道义的同时，给信众带来的更多的是精神的慰藉和归属感。

在国力鼎盛、包容兼蓄的唐帝国，多姿多彩的文化在此交汇、融合。沿着丝绸之路而来的不仅是贸易的兴盛，更多的是文化认知和价值观念的碰撞，景教经幢的问世，见证了东西交流史中宗教发展的历程，也生动地展示了唐时期各国人民生活、信仰的真实境况。

（王　珊）

唐齐国太夫人墓出土文物
金玉相辉的节度使夫人生活

> 其墓中出土的丰厚随葬品，展示了晚唐时期藩镇家族奢侈的生活景象和控扼一方的节度使雄厚的经济实力。

唐齐国太夫人墓位于今洛阳市伊川县鸦岭乡。墓葬西北距隋唐洛阳城外郭城约20公里。这座墓葬等级较高，带有三个天井、三个过道和长斜坡墓道。墓葬虽然早期即经过盗掘，但仍出土金银器、玉石器、宝石饰品、骨器、铜铁铅器、陶瓷器、钱币、石刻等各类文物一千六百余件，以金银器、各类玉石器和宝石饰品为主。其墓葬是洛阳地区目前出土金银器数量最多、最为精美的一座唐代墓葬，也是洛阳地区少有的出土玉器的唐代墓葬，众多随葬品中以成套的金银茶器具最为惊艳。

墓主齐国太夫人为唐代成德军节度使王士真之妻吴氏；吴氏生前先后两次被朝廷诰命为燕国太夫人和齐国太夫人，身份显赫。

成德军是安史之乱后形成的河北三镇之一,终唐之世,先后历李宝臣、王武俊、王庭凑三个家族控制。其中王武俊家族对成德军的掌控历王武俊、王士真、王承宗、王承元四世三代近四十年。公元820年,在王承宗死后,面对来自朝廷、成德军内部以及其他藩镇的诸多压力,作为王氏家族执掌成德军的第三代第四任统治者,年轻的王承元不得不向朝廷上表,放弃了对成德军节度使职位的承袭,接受中央政府任命,举家迁往长安。朝廷出于拉拢王氏家族的目的,王承元入朝后备受重用,史载其"入朝,昆弟拜刺史者四人,位于朝者四十人。祖母入见,帝命中宫礼赉异等"。

或许是出于对朝廷的不信任,或许是不愿让自己的家眷过多卷入朝廷纷争。王承元选择在远离中枢的东都洛阳安家,在外郭城东南隅风景秀美且相对安静的履道里购置宅院,并把母亲吴氏和其他家眷安顿于此。公元824年,吴氏死于履道里家中,享年61岁,死后也没有归葬河北祖茔与夫君王士真合葬,而是选择就近葬在洛阳。其墓中出土的丰厚随葬品,展示了晚唐时期藩镇家族奢侈的生活景象和控扼一方的节度使雄厚的经济实力。

金盏及鎏金银盏托为成套使用的茶具。金盏呈海棠花形口,圈足椭圆形。盏内底部中心錾刻双鱼环绕火焰宝珠,水波纹衬底,图案外围及口沿部施一周宝相莲花纹。这种四曲造型的盏通常又被称为四曲长杯,属于波斯萨珊式器物,公元3至8世纪期间流行于波斯萨珊王朝,传入中国后备受人们喜爱。同时,盏底部的双鱼火焰宝珠造型又源于印度佛教文化中的

双鱼纹海棠花形金盏

唐（618—907）
长13.8厘米，宽8厘米，通高3.3厘米
1991年河南省洛阳市唐齐国太夫人墓出土

鱼雁纹荷叶形鎏金银盏托

唐（618—907）

长20.1厘米，宽14.6厘米，通高1.9厘米

1991年河南省洛阳市唐齐国太夫人墓出土

长柄单流带盖银铛

唐（618—907）
直径10厘米，通高6.4厘米，柄长25.2厘米
1991年河南省洛阳市唐齐国太夫人墓出土

摩尼珠和摩羯鱼。这件杂糅不同文化内涵又和谐共生的器物,是展现中西方文化交流的重要见证物。

鎏金银盏托呈荷叶形,四角卷曲上翘,宽扁外沿上对称錾刻四组双鱼纹。腹部一周间饰双雁及祥云纹各四组,内底满饰毬路纹,以鱼子纹为地。在口沿、腹部转折处饰三角纹和莲瓣纹。整体装饰及外形生动有趣,富有生活意味。

银铛为敞口折沿,弧腹圜底,短流。长柄铆接于铛外壁,柄头为如意造型。盖由合页与柄连接,合页由铆钉固定,盖微微隆起,顶部铆接有宝

鹤首银支架（细节）

珠形抓手，下衬六瓣花形银片，盖沿向下折，与铛相扣合。长柄底部近铛处刻有"四两二分（钱）宅"字样。银铛是晚唐时期新出现的金银容器，长柄的更为少见。这件银铛应为烹茶时用于注水的器具，长柄可以防烫，铛带盖既便于保温，又可防尘及防止热水外溅，非常实用。

支架面为倭角方形，中间镂空，镂空处为忍冬花结纹。鹤首形柄，四兽足，足及柄均用铆钉固定于支架面下，鹤首细长低垂，神态生动安详。鹤首银支架为炙茶用器，唐宋时期茶一般为饼茶，烹煮前需先对茶饼进行炙烤。炙烤时把茶饼放置于支架上，底部用炭火进行炙烤，炙烤过程中要用箸翻动茶饼使其受热均匀。

鹤首银支架

唐（618—907）

长14.3厘米，宽13.9厘米，通高14.6厘米
1991年河南省洛阳市唐齐国太夫人墓出土

白玉研茶钵，玉色白中闪青，玉质莹润通透，内腹部饰两道弦纹并间以网格纹，腹以下至底部刻有纵横交错的密集条纹。器形敞口、圈足，完全模仿唐代实用的瓷碗制作而成，造型简洁大方，功能实用，是唐代玉器的杰出代表。

唐代是我国玉器发展史上的一个重要阶段，虽然出土及传世数量较少，但却有着鲜明的时代特色。与前代相比，唐代玉器摆脱了前代礼玉、葬玉用器的窠臼，生活实用性玉器成为主流，玉器装饰方面也大量引入生活化的题材，充满世俗的韵味，可以说是开后代实用玉器的先河。在唐代存世不多的玉器中，玉质容器更是少之又少。这件白玉研茶钵，丰富了唐代玉容器的类别。在玉钵的口沿部位存在许多微小的磕损，可能是在经常使用的过程中造成的损伤，这也从侧面说明了墓主人对茶的热爱。

银碗侈口圆唇，弧腹圜底，圈足，壁厚重。内底部以绶带纹四等分，其间满布斜方格纹。腹部同样由细线四等分，满布纵横交错的斜方格纹。纹饰錾刻深且紧凑，碗外部光素。

根据墓葬出土墓志可知，齐国太夫人吴氏生于公元763年，824年卒于洛阳履道里之宅。吴氏生活的年代正是茶圣陆羽著成《茶经》，茶文化兴盛的时代。陆羽所处的时代正是煮茶法兴盛的时期，点茶法也逐渐开始兴起，并在唐末最终取代煮茶法成为主流，但不论煮茶法还是点茶法，都需要事先将茶饼研磨成茶末才能用来饮用。然而在吴氏墓出土的这批茶器中，却并没有《茶经》中记载的烹茶时不可或缺的研茶器——碾。吴氏墓

白玉研茶钵

唐（618—907）
直径8.3厘米，通高4厘米
1991年河南省洛阳市唐齐国太夫人墓出土

绶带纹银碗

唐(618—907)
直径13.8厘米,通高3.5厘米
1991年河南省洛阳市唐齐国太夫人墓出土

中出土的这件独特的绶带纹银碗,壁厚达 0.3 厘米左右,整碗重达 343 克,这在唐代发现的金银容器中是绝无仅有的。碗内壁除底部装饰有绶带纹外,满饰方格纹。仔细分析其特点,便可发现吴氏墓中出土的绶带纹银碗与白玉研茶钵替代了《茶经》中记载的碾,承担了研磨茶饼的功能。这种研磨器自新石器时代以来即有广泛发现,在唐代黄堡窑址中就有大量发现,在隋唐洛阳城白居易故居中也出土有多件。同茶碾一样,均是唐代饮茶之风盛行后,较为流行的碾茶用器。

(曹向珂)

瑞兽流云纹蚌形鎏金银盒

意趣方寸间

这件瑞兽流云纹蚌形鎏金银盒是丝绸之路所带动的中原文化和西域文化交融的产物,是西域工艺美术在时空的演变中以特有形式融入中华文明基因的具象化体现。

一件小小的银盒诉说着一千多年前繁荣、自信、开放、包容的大唐王朝。

2000年,洛阳东郊一居民小区建设过程中,发现了一座保存完好的纪年墓,从墓志可知,该墓为唐代左清道率府兵曹参军高秀峰(745—819)与夫人李氏的合葬墓。本文介绍的银盒便是随葬器物之一。

银盒呈蚌形,器身为两扇,一扇内侧有折沿,应为扣合之用。蚌身为鱼子纹地,錾流云纹数朵,并饰两只飞翔于流云之间的瑞兽。其中,体型较大一只头部似豹或虎,凶目圆睁、张口吼叫、獠牙凸显,头部、颈部及背部鬃毛向后飘逸,周身有圆点组成圈状纹路,尾巴高高翘起,作扑咬状。体型较小的一只似鹿,颈部、腹部及腿部有细线刻画的体毛,周身散布圆

瑞兽流云纹蚌形鎏金银盒

唐（618—907）

长4.3厘米，宽3.6厘米，高1.8厘米

2000年河南省洛阳市东郊十里铺村东明小区出土

点，四蹄伸展，作奔跑状。面部以圆点作眼，乃点睛之笔，小兽急于逃命的惊恐之状被刻画得栩栩如生。整个纹饰情节完整、刻画生动、意趣盎然。

蚌形银盒是唐代盒类器物中形制特殊的一种，仿蚌壳的上下两扇，除了本文介绍的这种直接扣合的形式外，还有在一侧做出合页，以环轴连接，似蚌般开启自如，这类仿生形器物造型在金银器中极为少见。据考古发现，盒常用于盛装食品、药材、化妆品或其他物品。该墓出土时，此银盒放置于夫人李氏一侧，可推测银盒多半为盛装化妆品之用。墓主人高秀峰任职于左清道率府兵曹参军，有一定的社会地位，非一般百姓，用正规的鎏金银器盛装化妆品也就不足为奇了。

这件银盒虽然精细，但所用工艺种类不多，以捶揲、錾刻、鎏金为主，以捶揲工艺成蚌形，饰以錾刻纹样，然后鎏金制作。

捶揲是唐代金银器的基础工艺，多用于打造薄胎器物或制作器物装饰。捶揲工艺属舶来品，唐以前多见于通过丝绸之路从西域传入的外来器物上。以捶揲方式制作金银器很早就出现在北方游牧民族的细金工饰物中。而到了唐代，随着突厥遗民进入中原和李唐王室的提倡，这种用于金银器加工的捶揲工艺被大量使用。本件银盒的器体匀称、线条流畅、扣合处契合度高，显示出十分精湛的捶揲工艺水平。

錾刻工艺主要用作图案装饰，本件银盒上的云纹和瑞兽均用平錾法刻成，在捶揲而成的弧面上以阴线刻出图案，并利用刻痕的疏密，营造出富有立体感的底图关系。图案之外的部分填充点状细密纹路，称为"鱼子地"。

这种纹路是在器物的表面用圆头錾刀錾出细密的凹陷小点，形同鱼子，虽费工费时，但却使器物表面的錾刻图案更加突出，形成更为斑斓的效果。

锤揲和錾刻之后，以鎏金工艺突出图案的华丽感。鎏金，是将水银和金溶液按比例混合后涂在器表，入火淬炼后，水银遇热蒸发，金则附着在器物表面，这是唐代主要的金属着色工艺。本件银盒使用局部鎏金，只在云纹和瑞兽上鎏金。

金银器华丽又便于携带，草原民族常用金银制作各类饰品、餐具和其他生活器物。十六国时期，中原金银器制作还不发达，于是，善于经商的粟特人带着西域的金银器，沿着丝绸之路进入中原，成为上层社会追捧的奢侈品。在草原民族与隋唐朝廷的交往中，将金银器作为进贡之物，献给隋唐皇室，掀起了胡化风潮。使用金银器的风俗和精湛的金银器工艺也随着胡化风潮融入唐代的社会生活和中国工艺美术体系之中。

草原民族以畜牧业为主要生产方式，基于对动物的熟悉和感情，动物风格的造型成了草原艺术的主题。本件银盒所饰的瑞兽让人们自然地联想到草原上的猎豹追扑小鹿的情景，这样的纹饰不同于中原地区常用的花鸟、缠枝等纹饰，是典型的草原艺术风格。

这件瑞兽流云纹蚌形鎏金银盒是丝绸之路所带动的中原文化和西域文化交融的产物，虽经中原本土化演变，但仍具有浓厚的草原民族审美特征，是西域工艺美术在时空的演变中以特有形式融入中华文明基因的具象化体现。

（赵 杰）

安菩墓出土文物
归根洛阳的安国来客

> 借助墓志、三彩器等大量随葬品，人们仿佛看到一位跋涉万里来到中土建功立业的胡人的一生。

在洛阳龙门东山的一座唐代墓葬中，来自中亚安国的粟特人安菩夫妇长眠于此。历史上的安国大致在今乌兹别克斯坦的布哈拉一带，安菩墓志记载安国归附唐朝后，安菩随家人来到中原，并接受唐朝官职，被封为定远将军，在唐帝国的定边征战中，屡立战功。安菩作为一个粟特人，生于西域，长于大唐，卒于长安，葬于洛阳，一生颇富传奇色彩。

安菩墓出土的随葬品129件（组），种类繁多，摆放有序。根据它们的材质不同可分为三彩器50件、单釉器61件、陶器2件、瓷器11件、金币1件、铜器3件、玛瑙珠1件等。据发现的墓志可获知，墓主人安菩和夫人何氏埋葬时间是景龙三年，即公元709年。墓中出土的唐三彩是中国古代雕塑艺术的杰作,风格独特的器物印证了亚欧多元文明之间的交流与融合。儒学、佛教、祆教等思想文化在安菩墓中汇集,体现了大唐王朝开放包容的精神状态。

三彩骆驼2件。皆昂首张口,双峰左右对斜,四蹄前后分开,作嘶鸣行进状。一件体施棕黄色釉,头上、颈下和前肢的附毛及驼尾均为白色,尾卷曲于臀上,背上置黄、白、绿三色花毯,两峰从毯孔中露出,峰间驮着祆神行囊,囊下垫夹板。囊前后有绿色丝卷和绢卷,丝卷的两头系有小口瓶、鸡头壶、干粮袋和肉块等。另一件置黄、白、绿三色花毯,体亦施棕黄釉,唯面部、双峰、下腹及前肢附毛为白色,背部披搭绿地黄花毯垫,毯上饰有菱形斜格和小圆圈等几何图案。高大健硕的骆驼是丝绸之路上往来贸易的重要交通工具,素有"沙漠之舟"的美誉。洛阳三彩骆驼姿态各异,神形俱佳。值得称道的是这两件嘶鸣骆驼形体高大,形象生动,再加上神采生动的胡人牵驼俑,展现出西方商旅到中国内地经商,满载丝绢归途的形象,反映出唐朝中原与西方各国之间通商和友好往来的关系。

三彩黑釉马,四足挺立,头颈上仰,目视前方。面、鬃、背、尾、蹄部为白色,间施酱黄色花斑,颈下、躯体及腿部均施黑釉,色黑而亮。背部载鞍,上置黄绿色花毯,胸带及鞦辔上垂饰15枚绿色或棕色圆形骑马浮雕,短尾上翘。唐朝官府和民间都很崇尚骑马,马是战争的有力武器,唯有依赖大量的战马才能统一全国和维护边疆的安宁,所以马成为唐代陶塑艺术的重要题材,总被重点渲染和描绘。但黑釉马在三彩中却是十分罕

三彩骆驼（一）

唐（618—907）
通高82厘米，长65厘米
河南省洛阳市安菩墓出土

三彩骆驼（二）

唐（618—907）
通高82厘米，长65厘米
河南省洛阳市安菩墓出土

三彩黑釉马

唐（618—907）
通高75厘米，长76厘米
河南省洛阳市安菩墓出土

见的。这匹马膘肥雄浑，造型雄健有力，鞍鞯俱全，施釉独特，气势雄伟，色泽感及姿势神态均取得了力与美的和谐统一，成功地诠释了古典现实主义艺术的真谛，具有很高的艺术价值。

除了有品类繁多的三彩器，还有一枚造型独特的东罗马金币，握于西棺床上死者右手中。正面为留长须的王者半身像，头戴王冠，冠顶中央有一颗五角星。两耳均垂一月牙形饰物。左侧一只手举一个十字架，边缘有拉丁文"FOCAS"。背面中央是一带翼胜利女神像，左手持上立有十字架的球体，右手执长柄钩形器，边缘也有拉丁文铭文"VICTOPIA"。金币铸造年代为公元602—610年，这是洛阳唐代纪年墓中发现的第一枚外国金币，它与1955年在洛阳北郊唐墓中发现的波斯萨珊王朝银币，同为丝绸之路的见证。握于死者左手的为一枚开元通宝，这种死者手握钱币的葬俗同样也来自遥远的西方世界。

瓷器也是安菩墓中陪葬品的重要组成部分，其中的两件白瓷净瓶，釉色亮白莹润，瓷胎细腻，是唐代白瓷的精品。净瓶又名军持，原是佛教用品，为比丘十八物之一，盛水以供饮用或盥洗。

安菩的故乡安国，即遥远的中亚乌兹别克斯坦布哈拉一带。布哈拉曾是丝绸之路上的重镇，同楼兰、敦煌一样，见证了一批又一批中西商旅在这里歇脚、驻扎，再踏上新的路程。彼时之中亚仍是佛国世界，安菩作为归顺大唐的粟特人，身上融入了诸多的文化因素。墓志记载安菩有子名为安金藏、安金刚，均有浓厚的佛教意味。因此，墓中出土有佛教用品也就不意外。

东罗马金币

唐（618—907）
河南省洛阳市安菩墓出土

白瓷净瓶

唐（618—907）
高23厘米
河南省洛阳市安菩墓出土

白瓷净瓶

唐（618—907）
高25厘米
河南省洛阳市安菩墓出土

安菩死于公元664年，最初被葬在长安。公元709年，安金藏为了孝顺父母，把安菩的尸骨迁到洛阳与母亲合葬，建造了安菩夫妇墓。据史书记载，安金藏在建造父母墓葬时，还特意在墓旁盖了间草房，亲自营造石坟石塔，日夜不停。

往事越千年，这段尘封的历史因安菩墓的发现而揭开面纱。借助墓志、三彩器等大量随葬品，人们仿佛看到一位跋涉万里来到中土建功立业的胡人的一生。安菩墓出土物，体现了亚欧多元文明之间的交流、碰撞和融合，是古代中西商贸繁盛的物证。

（李　曼）

岑氏夫人墓伎乐俑
再现华丽传神的盛唐乐舞

时光已经黯淡了岑氏夫人的歌舞之梦,而精美的彩绘伎乐陶组俑,却以不朽的魅力生动再现了唐代乐舞场面的瞬间。

　　唐代政治稳定,经济繁荣,各民族之间和中外文化交流频繁,中华文明空前繁荣昌盛。在唐代表演艺术领域,乐舞艺术地位突出,无论是宫廷祭祀、生日节庆还是民间婚丧嫁娶,乐舞都发挥着重要的作用。《旧唐书·音乐志》《新唐书·礼乐志》都对唐代的乐舞有所记载。如一组造型生动、姿态优美的彩绘乐舞俑,真实地反映了唐代歌舞升平的繁盛景象。

　　1991年9月,310国道孟津考古队在孟津县送庄镇西山头发掘了一座保存比较完整的唐代墓葬——岑氏夫人墓,其中有10件珍贵的彩绘伎乐陶组俑。这组彩绘伎乐陶俑雕绘精细、造型优美、动态逼真,是不可多得的古代艺术品,一经面世即引起广泛关注。

岑氏夫人墓伎乐俑

唐（618—907）
1991年河南省洛阳市孟津县送庄镇出土

唐岑氏夫人墓伎乐俑

细细观察，组俑胎质细腻坚硬，粉白色胎体，虽经千年时光，俑身彩绘犹有存留。10件伎乐俑排列有序，分工明确，完整地再现了贵族阶级的酒宴乐舞场景。左边有六件乐俑，均为跪坐，头梳双髻，粉面朱唇，眉心间饰紫色花钿，身着半袖开襟长衫，束带长裙铺地，表情专注，作吹奏或弹奏乐器状。手中所持乐器由于年代的久远都已流失，但因每个乐俑塑造精细，手的姿势清楚有别，根据以往的考古发现，可以推断，一人双臂弯于胸前，好像在吹奏排箫；一人双手交握胸前，似在吹箫；有四人双手或捧握，或双臂下伸，五指分开，好像在弹奏古筝、琵琶。

在乐俑的伴奏下，4件女舞俑翩翩起舞。右边前排两个舞俑，头绾镂空双高髻，双髻正中嵌梅花发饰，表情温婉，面部丰满圆润，外穿半袖翻领开襟衫，内着宽袖圆领半身衫，下身为拖地长裙，上臂弯曲伸至眉间，腰肢向左微微倾斜，舞姿缓慢柔美、婀娜多姿。后排两舞俑均头绾双髻，身披长锦，左手置于腹部，似将水袖甩于右手。这组伎乐俑是唐代陶塑艺术的典型代表，折射出当时人们的审美观念，再现了唐代乐舞升平的盛世风情，为我们进一步了解当时的音乐、舞蹈等情况提供了便利条件。

一件文物的背后，是一个王朝的缩影。唐代乐舞气势磅礴，场面壮观，集诗词歌赋于吹奏弹唱，融钟鼓琴瑟于轻歌曼舞。乐舞在当时是一种时尚，上自帝王贵戚、文臣武将，下至平民百姓、乐工歌伎，男女老幼莫不会舞。不仅节日庆典有歌舞表演，连富贵之家外出郊游也要带上乐伎。

该组伎乐俑属于当时达官贵族私第或家庭乐队的模型，与宫廷乐队和官府仪仗乐队有所不同，主要用于达官贵族的私第宴请和家庭内部欣赏。据《唐会要》中记载："三品以上，听有女乐一部，五品以上，女乐不过三人，皆不得有钟磬。"由此可见，唐代对女乐队的使用和规格有着严格的限制和规定，一般来说，没有钟、磬，即是俗乐。从岑氏墓墓志中得知，岑氏的丈夫刘广宗，早年丧亡，后继承其父的封爵，被尊称为清苑公刘府君，其官位应在三品以上。作为刘广宗的夫人，其私第按规定是可以享用超过3人的女乐队的，岑氏墓出土的6件女乐俑正好符合了史书的记载。

岑氏墓出土的舞俑，从婆娑柔曼的舞姿及舞者温婉的表情来看，学者判断应是当时非常流行的软舞。唐代软舞以舞动长袖或飘带为主，广泛流行于唐代宫廷和贵族士大夫家宴等场合。舞者低身举袖，犹如燕起纷飞，格调高雅，美不胜收。

从岑氏墓墓志得知，岑氏虽出身名门，又嫁进名门，但年轻守寡，一生吃斋念佛，"以幽闲之性，融心于寂灭之津"，沉重地度过了凄凉孤寂的一生。岑氏死后，其子刘敦行为了寄托无限的哀思和对母亲阴世生活的祝愿，以表达孝敬之道，于唐大足元年（701）将其迁葬于有"人间苏杭、地下北邙"之称的洛阳邙岭上，并制作精细的乐舞俑随葬。从岑氏夫人的家世和墓志内容来分析，该墓出土的这组乐伎俑，共同组成了一幅乐舞场景，其音乐内涵是在演奏汉族传统的清乐乐舞，也只有这样的乐曲才能适合这位具有怀旧心理，感情过于抑郁的岑氏夫人的欣赏要求。

时光已经黯淡了岑氏夫人的歌舞之梦，而精美的彩绘伎乐陶组俑，却以不朽的魅力生动再现了唐代乐舞场面的瞬间。伎乐陶组俑是刘敦行为母表孝心的随葬品,也许他没想到,千年之后,这一随葬品会成为社会大众触摸历史、共享历史文化的"国宝",使人们在欣赏之余,平添了对大唐盛世歌舞升平的无限神往。

(李 煜)

彩绘骑马乐俑

大唐军乐动地来

从陶俑的多样雕塑风格,到人物俑塑造上的匠心独运,从马儿眉眼细微的表情变化,千年以前大唐的音乐、舞蹈、政治、经济、科技、随葬习俗等,都得以真实生动地再现。

　　沉睡千年,尘土掩盖不住它们的光芒,时光消磨不了它们的精美,相见时,依然光彩照人,还是那俊美潇洒少年,让人心潮澎湃、欣喜若狂!它们就是1988年4月,偃师县人民政府招待所院内的唐光州定城县令柳凯夫妇墓中出土的彩绘骑马乐俑。通过发掘,该墓随葬有镇墓兽4件,男俑69件,女俑38件,家畜家禽18件,生活器物及其他小件15件,墓志1合。这批文物种类丰富,保存完整,特别是这套彩绘骑马乐俑,形象逼真,生动活泼,姿态各异。根据出土文物,我们不仅能够看出唐人爱马、爱音乐、生活多姿多彩,而且有助于我们了解初唐乐舞的盛况。

　　盛宴即将开始。骑马乐俑是个青春少年,身穿红衣,头戴风帽,潇洒有力抬头望向远方，右臂高高举过头顶，左臂曲于胸前，左手拇指、食指放入口中，英姿飒爽地吹着响亮悦耳的口哨，骑着高大肥壮的爱马，呼啸而来……

彩绘骑马吹排箫乐俑头戴红色风帽，身着靓丽朱红衣，端坐于马身，浓眉、大眼、高鼻，面带自信的微笑，望向前方，双臂自然曲于胸前，手持排箫于唇边吹奏；马四肢修长，圆臀，躯体肥壮，身、耳、鼻涂以黑色，黑色鬃毛整齐地左右分开，背上有鞍，温顺地低着头，眼睛专注有神，双耳前竖，似乎时刻准备配合主人来演奏一曲完美的乐曲！

这两件骑马乐俑头戴尖尖的风帽，斯斯文文地骑在马上，双眼透出从心底散发出的微笑，双手一上一下拿着竖笛或短笛，放于朱唇边吹着，身体与马儿一起，跟随着音乐的节拍，自然地向右倾斜，陶醉地吹着竖笛或短笛。

热闹而又欢快的盛宴还在继续……这几件骑马俑，身穿翻领窄袖胡服，脚蹬黑色长靴，左腿高高抬起，潇洒地盘坐于马背上，右腿紧贴马腹，你敲着鼓，我打着笳，整齐有序，热情激昂，配合默契地演奏着……柳凯墓出土的这几件骑马乐俑有力地印证了《新唐书·五行志》中记载的"天宝初，贵族及士民好为胡服胡帽"的史实。

盛宴即将达到高潮。骑马乐俑们一个个身着盛装，头戴风帽，精神抖擞，不知疲倦地吹着横笛、敲着鼓、打着锣……用优美的音乐，夸张的演奏动作，吸引着观看的达官贵人们。从头上统一佩戴的风帽，到面部细腻的微笑以及传神而又坚定的眼神，唐代初期的匠人们以高超的雕塑工艺，

骑马吹排箫乐俑

唐(618—907)
长23.5厘米,高29.5厘米,宽10厘米
1988年河南省洛阳市偃师县出土

骑马乐俑

唐（618—907）

长24.5厘米，高31.5厘米，宽10厘米

1988年河南省洛阳市偃师县出土

骑马乐俑

唐（618—907）

长23.5厘米，宽10厘米，高31.5厘米

1988年河南省洛阳市偃师县出土

骑马乐俑

唐(618—907)
1988年河南省洛阳市偃师县出土

骑马乐俑

唐(618—907)
1988年河南省洛阳市偃师县出土

骑马乐俑

唐（618—907）
1988年河南省洛阳市偃师县出土

生动熟练的艺术表现手法，真实地再现了唐代初期达官贵人和普通百姓的文化娱乐生活。

柳凯夫妇墓出土的墓志记载，柳凯"武德九年（626）寝疾"，夫人裴氏"贞观二十三年（649）亡于私第"。"以麟德元年（664）十一月廿八日，奉迁灵窆合葬于偃师县亳邑乡邙山之南"。柳凯与夫人裴氏相隔23年先后亡故，墓志是合葬时刻写的。通过观察，柳凯墓出土的陶俑最明显的特点是均使用细腻的高岭土为胎，低温烧制成型，然后施白粉、描眉眼、涂朱唇、画装饰。这种彩绘陶俑制作工艺与装饰是唐早期陶俑的典型特征。

我国乐舞艺术在唐代迅速发展，据《旧唐书·音乐志》载，至唐太宗贞观十六年（642），制定唐《十部乐》：《燕乐》《清商乐》《西凉乐》《天竺乐》《高丽乐》《龟兹乐》《安国乐》《疏勒乐》《康国乐》《高昌乐》，以作为国乐。其中的《燕乐》包括《景云乐》《庆善乐》《破阵乐》《承天乐》四种，主要歌颂帝王将相的丰功伟绩和粉饰国泰民安，具有鲜明的政治色彩。上至宫廷贵族，下至平民百姓，欣赏乐舞、表演乐舞蔚然成风，也涌现出了一批专业和业余的乐舞人才，活跃在皇城禁地、官府衙门、军营内外乃至民间场所，创作出了大量不朽的乐舞作品。当时的东都洛阳，乐舞艺术更是达到了空前的繁荣。

柳凯墓出土的彩绘骑马乐俑与唐恭陵哀皇后墓出土的彩绘骑马吹奏俑，同属于鼓吹乐。鼓吹是一种以管乐和打击为主，兼有歌唱的艺术形式，起源于北方的游牧民族。在汉代时得到迅速发展，最初，鼓吹乐只作为军旅之乐，边军将士习用，以壮声威。后逐渐发展，出现了"黄门鼓吹""短箫铙歌""骑吹""横吹"。魏晋以来，基本沿用汉代的鼓吹乐，略有增减。到隋代，鼓吹乐可分四部：掆鼓部、铙鼓部、大横吹部、小横吹部。唐代制度基本承袭隋朝。柳凯墓骑马乐俑反映了唐代初期鼓吹乐的流行和变化。

洛阳出土的鼓吹俑，无论是偃师柳凯墓出土的，还是后来偃师恭陵哀皇后墓出土的，都可以看出唐代鼓吹多数是在马上的骑吹，这种骑吹，显然是受北方少数民族的影响。总之，唐代鼓吹，有别于汉魏时期的单纯、粗犷，代之而起的是一种轻歌曼舞之曲，鼓、角、箫、笳所奏出的嘹亮乐声，是对唐代昂扬时代精神的讴歌。

杜甫《忆昔》这首诗中追忆道："忆昔开元全盛日，小邑犹藏万家室。稻米流脂粟米白，公私仓廪俱丰实。"反映了唐代人们生活的富足、安逸与美好。无论是远古时代，还是两千多年前的唐代，音乐来源于生活，贴近生活，音乐是人们生活幸福的体现。细细观看柳凯夫妇墓出土的这套骑马乐俑，从陶俑的多样雕塑风格，到人物俑塑造上的匠心独运，从马儿眉眼细微的表情变化，千年以前大唐的音乐、舞蹈、政治、经济、科技、随葬习俗等，都得以真实生动地再现，宛若一条"时空隧道"，让当今的人们自由穿行于现实的世界与"梦中的大唐"！

（王美粉）

长柄铜香炉
常伴七祖参禅经

香供养习俗应该是与佛教一起传入中国后,受到中国传统的神仙思想的影响,以袅袅香烟来烘托出超凡脱俗的氛围,以祛味、静神凝气之功效来达到身心俱静的效果。

长柄香炉是中国古代佛教活动中经常使用的焚香用具之一,多与香宝子配合,构成一套佛教行香用具。质地多为铜质,也有个别银质和木质。从目前的资料来看,长柄香炉至迟到北朝时期已经成为礼佛、供养佛的一类重要佛具,至唐时更为兴盛,并一直延续到宋辽时期。

长柄香炉一般由炉身、底座、长柄三部分组成,炉身呈高足杯式,长柄末端随着时代的发展有所变化。南北朝时期的长柄香炉样式单一,长柄末端均呈鹊尾状,文献记载中的"鹊尾香炉"指的就是这类香炉。进入唐以后,长柄香炉的形制更加多样,除了鹊尾香炉继续流行外,新出现在柄末端有镇的新样式,即在柄端下折处有圆形或近圆形台,上置镇以平衡炉

长柄铜香炉

唐（618—907）

河南省洛阳市七祖神会和尚身塔出土

长柄铜香炉狮子镇

长柄铜香炉炉身

身。根据装饰镇的不同,分为狮子镇、瓶形镇、宝珠形镇三类。另外,也新出现了柄端无镇、呈云头形上卷的新样式。

洛阳博物馆收藏的这件长柄香炉,是唐代流行的狮子镇长柄香炉。炉身,侈口,束腰杯状,以立柱与菊花形底座相连。配备有内炉和炉盖。炉盖,中部有一圆孔,盖缘下折可与内炉相扣合。柄呈凹槽状,柄端以S形

香宝子

构件与炉底、炉身相连，前端有两个半球形装饰铆钉以固定桃形饰片；柄尾下折呈L形，狮子镇鎏金，蹲坐在覆莲座上，四肢粗壮，颈部鬃毛卷曲，呲牙瞠目，尾部上翘高于头顶，且不与L形柄相连。凹槽状柄可能原有织物，以便于手拿。洛阳博物馆收藏的这件长柄香炉，配备有内炉，以便于清洁香灰；且有带圆孔的炉盖，这完整的组合在中国境内出土的实物，乃

201

至日韩出土和传世的长柄香炉中是不多见的。狮子镇长柄香炉，是唐人在北朝鹊尾香炉的基础上，加上当时流行的佛教元素，如狮子、莲花等，以高超的铸造工艺，使整体造型更显雍容华贵。

这件长柄铜香炉出土于七祖神会和尚身塔，据塔铭记载，神会和尚身塔修建在洛阳龙门宝应寺内，神会亡于乾元元年（758），永泰元年（765）入身塔。菏泽大师神会，师从禅宗六祖慧能，天宝四载（745），兵部侍郎宋鼎请他入东都洛阳传法，方定禅宗为南宗、北宗，在南宗取代北宗的活动中起到了关键性作用。这件长柄铜香炉与同出的净瓶、香宝子、钵等，应是神会生前使用的实用器，死后随葬入身塔的。这批佛教文物组合，为我们对比出土同类器物的墓葬的性质有重要的参考价值。香供养习俗应该是与佛教一起传入中国后，受到中国传统的神仙思想的影响，以袅袅香烟来烘托出超凡脱俗的氛围，以祛味、静神凝气之功效来达到身心俱静的效果。唐代，因国力强大、经济繁荣、丝路畅通，除了本土香料外，外来香料也大量进入，使香料的使用更为普及。从敦煌壁画、巩义石窟造像来看，当时长柄香炉使用的香料多为香丸，且多与香宝子配合使用。香宝子是盛装香料的器具，由盖、身和底座组成。神会和尚身塔，与长柄香炉同出的有一件香宝子。盖高柄塔式，上有葫芦形柄和七重相轮；盒身呈半球形，敞口，深腹、平底，喇叭形底座，与盖以子母口相扣合，底座用铆钉与盒身相连。

长柄香炉在日本和韩国发现的也不少，应该是佛教经中国传入时，同时也受到了中国式佛具的影响。日本的长柄香炉多数是传世品，有鹊尾香炉、狮子镇和瓶形镇长柄香炉，在正仓院、东京国立博物馆法隆寺宝物馆、白鹤美术馆等都有收藏，如正仓院藏紫檀金钿柄香炉，为狮子镇长柄香炉，炉身、炉座为紫檀，内炉为铜镀金，周身饰金银饰片、彩色水晶、蓝色玻璃珠等，装饰极为华丽。韩国同样也有不少长柄香炉，如庆尚北道军威麟角寺塔基出土的鎏金铜香炉，柄末端为狮子镇，同出的有香宝子、净瓶、钵、青瓷等器物，与神会和尚墓出土的组合相似。

　　长柄香炉是佛事中重要的供养具之一，主要用作供养、礼敬及导引的作用。但长柄香炉的使用，并不局限于佛教，在道教文献中也出现有此类香炉的记载，说明其与道教的联系也是十分紧密的。

（李文会）

长沙窑奔鹿纹执壶
小鹿乱撞入心怀

这件长沙窑奔鹿纹瓷壶，为研究唐代长沙窑瓷器的素材来源、绘画风格和审美需求提供了丰富的实物佐证，为中国瓷器史承上启下的发展过程留下了不可磨灭的历史印记。

纵观历史，瓷器从拙朴古陶发展为质韫珠光的美瓷，凝聚了古人类文明智慧的结晶，标志着人类从蒙昧走向文明。从我们的祖先烧造出第一炉原始瓷起，中华古瓷窑的熊熊窑火从古到今、从北至南，令人仰慕的瓷品遍布世界。时光如梭，洗尽铅华，面对件件赏心悦目的瓷品，无不感叹着古人的成就与辉煌。

洛阳博物馆藏有一件湖南长沙窑奔鹿纹执壶，在馆藏瓷器中独具特色，宛如清风一缕，独树一帜，别具一格。此件执壶1964年出土于洛阳机瓦厂的一座唐墓中，侈口、高领、瓜棱形腹，平底，肩有八棱流，流下一幅褐绿彩奔鹿图跃然画面，色彩鲜明。颈腹部安一曲柄，通体施淡青釉。执

长沙窑奔鹿纹执壶

唐（618—907）
河南省洛阳市机瓦厂唐墓出土

壶是当时盛酒的一种器具，又称"注子""注壶"，最初的造型是由青铜器而来，南北朝早期的青瓷执壶，已经形成了这种执壶的造型。到了唐代，执壶的造型演变为硕腹，喇叭口，短嘴，壶的重心在下部，造型小巧玲珑，又浑厚古拙。唐中晚期大量流行，基本取代了鸡首壶、凤首壶等。

唐代陶瓷业蓬勃发展，各地区出现了不同风格的瓷窑体系。唐代诗人李群玉在《石渚》一诗中写道："古岸陶为器，高林尽一焚。烟火湘浦口，烟烛洞庭云。田野煤飞乱，遥空爆响闻。"这些诗词就真实地描写了长沙窑烧制瓷器时山林焚烧、火光冲天的壮观景象。长沙窑位于今湖南省长沙市望城区铜官镇，面临湘江，又名铜官窑，长沙窑开创了釉下彩装饰、文字装饰之先河，所烧制的瓷器反映了唐代从注重瓷器的釉色美转移到彩绘装饰美的发展新方向。

唐代绘画尚法，但随着王维等一批文人的参与，绘画开启了写意的先河。绘画更加注重传情达意的意境，弱化对物象的客观描述。突破了以往绘画宗教题材的束缚而代之以花鸟、动物和山水为主题。铜官一地，地处江南丘陵，毗邻湘江，万物滋荣。窑厂的匠师目之所及，信手拈来，造化生灵为之提供了取之不竭的创作题材。最能直面表达人们心里欲望和心灵期许的祥瑞动物就自然成为艺匠师所要表达的心声，此件奔鹿纹执壶便体现了最本真的绘画语言。只见小鹿飞奔腾跃而起，目视前方，鹿角上扬，形体优美，身躯上清晰可见红色圆圈纹，每个圈中点施绿色，形成规则又富有立体感的斑纹，小鹿两前蹄轻触地面，后面双蹄腾跃空中，脖颈连接身体处整成 V 形在空中定格，目光坚定，仿佛正在努力逃脱猛兽的袭击。整个画面形神兼备，笔力流畅，把鹿的轻盈与机敏描绘得淋漓尽致，使整个器物顿时意趣盎然，形成视觉装饰美。使人们在用执壶饮酒的同时，又能欣赏到执壶上的绘画，给人带来无限乐趣。这种实用与美观相结合的表现形式，充分体现了唐代艺匠师极高的审美情趣。正如唐代画家张璪所提出的"外师造化，中得心源"的创作规则。或许是这些艺匠师生活在南国无忧无虑，没有主观和客观的任何约束，只剩下自由的画笔，执壶只是绘画的一种载体和媒介，长沙窑奔鹿纹执壶为我们呈现出简练而自由，灵性而生机的绘画风格，充满着浓郁的田园"野逸"气息。

洛阳博物馆所藏这件长沙窑奔鹿纹瓷壶，为研究唐代长沙窑瓷器的素材来源，绘画风格和审美需求提供了丰富的实物佐证，为中国瓷器史承上启下的发展过程留下了不可磨灭的历史印记。

（黄　燕）

白居易故居遗址出土文物
——一代诗王的宅院遗物

> 在已发掘的遗址中出土了大量唐宋时期的遗物,仅唐代地层中出土的各类瓷器就有800余件,可复原者达300件。

白居易故居遗址位于唐东都洛阳外郭城东南部的履道坊内西北角,伊洛二水南北并流,风景宜人,位置清幽。白居易在其《池上篇并序》中言道:"都城风土水木之胜在东南隅,东南之胜在履道里,里之胜在西北隅。西闬北垣第一第,即白氏叟乐天退老之地。"白居易自叙其宅南邻为尚书崔群宅院,东邻为王大理宅。文献记载中,宅院位于履道坊的隋唐达官显贵还有隋文帝长女乐平长公主、宇文恺、唐成德军节度使王承元、国子祭酒源匡赞等,可见履道坊是隋唐时期颇受显贵阶层钟爱的风水宝地。

长庆四年(824),白居易杭州刺史任满,打算长居洛阳,便求得太子左庶子分司东都的职务,以自己节余的俸禄加上两匹马作价购得位于履道坊的故散骑常侍杨凭旧宅。然而居洛不久旋即外放，直到太和三年（829）才又以太子宾客分司东都，实现了"不如作中隐，隐在留司官"的愿望。此后18年间白居易长居此宅，并不断加以改造和增扩，直至75岁高龄终老于此，使其成为唐宋时期之一代名园。

中国社科院考古研究所唐城队于1992年至1993年间对遗址进行了发掘。考古发现白居易故居地处履道坊西北角，渠道绕其宅西部北部然后迤逦东行，这与清代徐松《唐两京城坊考》中"居易宅在履道西门，宅西墙下临伊水渠，渠又周其宅之北"的记载基本相符。在遗址南部为一面积达3300平方米的水池，水池北部为一进深约60米、面宽约15米的两进式庭院建筑基址。这与其诗文中提到的关于住宅中存在西院、南院、北院、后院、槐亭院、政事堂等诸多建筑和院落远不相称；考虑到考古揭露的遗址面积总共才7000余平方米，远不及白居易对其宅邸"地方十七亩，屋室三之一，水五之一，竹九之一，而岛树桥道间之"的记载，可知考古发掘出的部分也只是白居易宅邸的一部分。

在已发掘的遗址中出土了大量唐宋时期的遗物，仅唐代地层中出土的各类瓷器就有800余件，可复原者达300件，种类主要有壶、罐、盒、杯、盘、碗、茶盏、茶托、砚台等生活用器，另外还发现有石砚台、三彩及瓷质小雕塑和玩具、大量钱币等珍贵文物。遗址中最重要的遗物为刻有"开国男白居易造此佛顶尊胜大悲"字样的经幢残石，说明该遗址正是我国历史上最重要的诗人之一白居易的故居。遗址出土的部分遗物现存洛阳博物馆。

石砚

唐(618—907)
直径24厘米,高7.3厘米,砚盘厚2.3厘米
河南省洛阳市白居易故居遗址出土

白瓷盏

唐(618—907)
口径15.5厘米,底径7.2厘米,高4.5厘米
河南省洛阳市白居易故居遗址出土

白釉葵口曲腹碗

唐（618—907）
口径21厘米，底径10.5厘米，高8厘米
河南省洛阳市白居易故居遗址出土

黑釉瓷擂钵

唐（618—907）
口径17.8厘米，宽18.7厘米，高7.5厘米，底径10.8厘米
河南省洛阳市白居易故居遗迹出土

砚盘面呈圆形，四周凸起一道外棱形成盘沿，平整的盘面内尚存留有墨迹，盘面外周刻两道弦纹，底部为兽蹄状足。白居易一生笔耕不辍，其《白氏长庆集》中收录诗文达三千八百余首，唐人罕有其匹。因其在诗歌创作上的伟大成就而与李白、杜甫齐名。其诗作誉满天下，并对朝鲜、日本等国影响深远。

唐代是我国瓷器烧造工艺发展的重要阶段，经过北朝和隋朝的积淀，白瓷烧造工艺在唐代彻底成熟，形成了"南青北白"的瓷器制造业格局。北方白瓷最重要的产地有邢窑、巩县窑、定窑等窑址。其中巩县窑位于东都洛阳畿内，是唐代最重要的白瓷和唐三彩窑址，其白瓷产品做工精致，釉色白腻，是东都周边重要的瓷器产品供应地。白居易故居所出瓷器大多应为巩县窑产品。

遗址共出土七件瓷擂钵，形制基本相同，胎体厚重，仅内壁口沿部位及外壁上部施黑釉。外表作碗形，仅口沿下部一侧有一圆形短流，圆唇曲腹假圈足。器内壁及底部刻画有以沟槽组成的图案，应是在瓷胎半干时以竹木制七齿篦子在器内壁纵横刻画，晾干后上釉入窑烧制而成。擂钵和茶碾功用相同，是研茶用具。在白居易故居出土的众多瓷器中，茶具占有很大比例，除了这七件擂钵，还有茶碾、茶托、茶盏、执壶、盂等茶器具。白居易生性爱茶，诗作中也多有对茶的吟诵，由其诗作也可知白居易是烹茶的高手。除了茶具，白居易故居遗址发现的大量瓷器中肯定也有酒具。在遗址中甚至发现有一处酿酒作坊，从其数百首吟酒诗文中，我们也可看出白居易不仅嗜酒，而且善于酿酒，"茶铛酒杓不相离"可以说是对其日常生活的生动写照。

除了文房用品和饮食器具外，在遗址中还出土有一些小型的瓷塑和唐三彩玩具、人物俑和动物俑。这些小巧玲珑、造型生动的陶瓷塑应是儿童玩具或者案头把玩之物。

五代两宋时期，白居易宅院仍是洛阳的著名所在，南宋人陈振孙在其《白文公年谱》中记载："公宅……至后唐为普明禅院……洛人但曰大字寺。其园张氏得其半为会隐园，水竹尚在。寺中有公石刻甚多。"李格非在其《洛阳名园记》中也记载："大字寺园，唐白乐天园也……今张氏得其半，为会隐园，水竹尚甲洛阳。寺中，乐天石刻存者尚多。"由此可知，到了宋代，白居易故居被一分为二，一半成了张氏私园，另一半变成大字寺，而且寺院中尚保存有大量白居易营造的石刻，白居易晚年崇佛，想必这些石刻也是以佛教碑刻居多。在白居易故居遗址的宋代地层中也发现有大量的遗物，其中在部分瓷碗底部墨书有"大字"字样，另外还有大量的残碎碑刻，可以证实宋人所记不虚。

白居易故居延续存在400余年，至元初规模尚存，《元史》记载塔里赤"奉旨南征至洛阳，得唐白乐天故址，遂居焉。"元以后，这座名扬天下400余年的园林逐渐湮没为农田。在遗址上发现有石灰窑两座，底部尚残留有许多破碎的石刻，包括白居易亲自营造的石刻在内的大量唐宋碑刻最终都随其宅院化为了尘土。

（王耀辉）

白釉珍珠地牡丹纹瓷枕

玉枕纱厨　半夜凉初透

> 宋人用这精美的纹饰，高超的技艺，把一件冰凉的瓷枕变得有了温度和情趣。

　　枕，作为寝具与我们的日常生活息息相关。《说文解字》中对"枕"字的解释为"卧所荐首也"，荐者，垫也。洛阳博物馆中珍藏有一件宋代白釉珍珠地牡丹纹瓷枕。

　　说起瓷枕，人们的第一反应就是，这么硬的枕头怎么用？睡着舒服吗？据考古发现，早在新石器时代人类睡觉时就开始头部枕"枕头"了。不过在那时的"枕头"就是一块石头或者一段木头。在山东大汶口遗址考古中发现很多先民的枕骨都呈扁平状就是证据。《西京杂记》中记载："哀王冢……床上石枕一枚。"可见古人是有睡硬枕头的习俗的。古人枕头的材质非常多，有石质、木质、玉质、金属质等。唯瓷枕的出现比其他材质都要晚。

白釉珍珠地牡丹纹瓷枕

宋(960—1279)

长21厘米,宽15.5厘米,高8厘米

白釉珍珠地牡丹纹瓷枕

今天我们能看到的瓷枕，最早不过隋代。史料记载，瓷枕始于隋代，至五代、两宋、辽、金、元大盛，尤以两宋最为鼎盛。隋唐时期的瓷枕普遍都比较矮小，仅一人勉强能躺。究其原因可能是受到当时生产力的拘束，太大不易烧成。今人见之多有疑惑，甚至牵强地将其解释为是中医诊脉的"脉枕"。进入宋代，随着制瓷技术的发展，瓷枕器形迅速加大，不仅如此，造型、品种、装饰手段层出不穷，瓷枕迎来了真正的春天。

瓷枕，它可不是一件简单的寝具，在古代炎炎夏日，酷暑难耐，瓷枕的出现，给夏天送来了一抹清凉。瓷枕枕着舒适，看着美观，兼具实用价值和装饰价值。南宋女词人李清照那首很著名的《醉花阴》，其中一句"玉枕纱厨，半夜凉初透。"一个"凉"字便道出了瓷枕的功用。广州西汉南越王墓博物馆收藏了许多古代的瓷枕。其中有一枚磁州窑瓷枕在枕面上就写了一篇《枕赋》，其中有一句："睡快诗人，凉透仙骨……恍惚广寒之宫，依稀冰雪之窟。"虽有些夸张，但足可证明那时的人，夏天确确实实会将瓷枕作为纳凉消暑之用。

瓷枕质坚而又清凉沁肤，爽身怡神，甚至有"明目益睛，至老可读细书"的说法，所以无论富贵贫贱，无不喜好，连皇宫中也多用之，瓷枕的使用价值是显而易见的。洛阳，宋时为西京之地、帝都王里，是中国经济、学术、文化的中心之一，瓷枕的制作也得到了蓬勃的发展。洛阳保存的宋代瓷枕不仅数量多，造型和装饰手法也丰富多彩，白釉珍珠地牡丹纹瓷枕便是其中的一件上乘之作。瓷枕整体呈不规则圆形，稍内凹，枕面以戳印的细密珍珠状小圆圈为地，主题纹饰为划花折枝牡丹，牡丹花姿态优美，构图精练，划饰花叶及边框，构图线条流畅。枕体四周施以简洁明快的波浪纹，釉色莹润，白中闪黄，实为佳品。如果仅仅作为寝室用具便罢了，宋人天生讲究，不仅实用，还要美观。

"春来谁作韶华主，总领群芳是牡丹。"在姹紫嫣红的花卉世界里，牡丹以其绚丽多彩之色，纷繁幻化之形，沁人心脾之香，倾国倾城之姿，雍容华贵之态，艳压群芳，独领风骚，被视为花中珍品，深受人们的喜爱。宋人受唐人影响，视牡丹为富贵花，瓷器上盛行牡丹纹饰，白釉珍珠地牡丹纹瓷枕，盛开的牡丹遍布珍珠状小圆圈中，表现出牡丹的富贵华丽，仪态万千。也让人生出无限遐想：夏日的夜晚枕着"牡丹""闻着"花香入睡是又是怎样的一种享受。

宋人制作瓷枕，不仅讲究用途与美观，还在装饰工艺上下足了功夫。这件珍珠地刻花工序复杂，先在器物胎骨上施层白色化妆土，在化妆土上刻出各种花纹图案后填以赭色彩，再用圆形工具沾上赭色彩，在花纹的空隙中间或花纹以外的底子上压印上细小的圆圈纹，最后再施上透明釉入窑烧制成珍珠地的瓷器。由于该瓷器白赭相间，白地上个个圆圈犹如洒落的珍珠，"珍珠地划花"也由此得名。这一技法，是将唐代金银器的錾金技艺创造性地运用到陶瓷装饰上。晚唐时首创于登封市东邻的密县西关窑，北宋登封曲河窑将其改进、发扬光大。同时这一技法还为北方众多窑场所学习借鉴，如磁州窑、当阳峪窑、鲁山窑等，成为北宋时期一种流行的瓷器装饰技法。

如果古人也讲品牌效应，那么登封窑是唐宋时期当之无愧的瓷器名牌产品。其制作工艺精良，修坯精细规整，足底和口沿的处理都十分到位，对窑具的使用也十分考究。它的装饰技法具有多元性、综合性的特点，如颜色釉、点彩、划花、刻花、剔花、绘花、堆贴、雕塑、镶嵌等，尤其是白釉剔、刻、划技法的综合运用最为高超、纯熟，可谓中原窑场之典范。登封窑的珍珠地划花工艺，可以说是最为典型的标志性产品。珍珠地在胎、釉之间架起了一道桥梁，使底色到纹饰的过渡更加自然，既表现出适当的对比度，又缓和了底色和图案间的生硬反差，同时也使纹饰和造型的搭配更加协调，体现了自然、和谐和统一的审美追求。

宋人用这精美的纹饰，高超的技艺，把一件冰凉的瓷枕变得有了温度和情趣，其功能也不仅仅限于寝具，兼具纳凉、馈赠、镇宅、陪葬等多种功能。由此我们可以看出古人对一件瓷枕的重视和喜爱。

（王　萍）

瓷象棋

点子如点兵

这副瓷象棋是目前考古发现的年代和出土地点明确且保存完整的瓷质中国象棋,这一发现对古代象棋形制研究提供了宝贵的实物资料。

"车走直路马踏斜,象飞田字炮打隔,卒子过河了不得。"像这样的顺口溜不会下棋的人也能说上两句。

象棋是中国传统棋类益智游戏,有着悠久的历史,属于二人对抗性游戏的一种,因为其用具简单,携带方便,不受地点限制,趣味性强等特点,成为大街小巷广泛流行的棋艺活动。1997年7月,一套保存完整的圆形瓷质象棋在洛阳市西工区唐宫路北侧一座宋代墓葬中被发现。整副象棋黑白棋子各16枚,共32枚。计有:将2枚、卒10枚、车4枚、炮4枚、士4枚、马4枚、象4枚。棋子齐全,年代确切,是目前考古发现的年代和出土地点明确且保存完整的瓷质中国象棋,这一发现对古代象棋形制研

瓷象棋

宋（960—1279）
棋子直径约1.8厘米，厚度0.3~0.5厘米
1997河南省洛阳市西工区唐宫路出土

瓷象棋

究提供了宝贵的实物资料。

仔细观察就会发现，这些棋子大小匀称，与现在我们常见的棋子相比较还要小巧玲珑一些。这些棋子均由瓷土烧制而成，表面不施釉，正面的阴刻字填涂朱砂着色。因年代久远，个别棋子的字迹已经模糊不清，但通过凹陷的痕迹，还依稀可以辨认出本来的模样。宋代墓葬大多趋于简葬，能够发现一整组完整的象棋棋子，可见主人生前一定非常喜爱象棋，才将一整组棋子放入墓中随葬。

这副象棋的独特之处还在于其棋子"砲",它不是我们常见的"火"字旁,而是"石"字旁,其中缘由很值得我们探究一番。象棋古称"象戏",其起源可上溯到先秦时期,但真正作为一种成熟的棋类活动则始于唐代,然而唐初象棋棋子只有将、士、象、车、马、卒六种。唐文宗开成年间,经由相国牛僧孺提倡,增加抛石机这个兵种来丰富象棋的变化,自此象棋便有了"砲"。后来随着火药的发明和广泛应用,"砲"逐步演变为发射火药炮弹的重型武器,象棋中的"砲",也从"石"字旁改为"火"字旁。

由此可见，象棋的形制和规则也受当时社会经济发展条件的影响。

隋唐时期，象棋活动已经走进百姓的生活，史籍上更是屡见记载。

据记载，赵匡胤对象棋情有独钟，象棋在宋代的发展，离不开宋朝皇帝赵匡胤的支持。北宋末年的宋徽宗非常迷恋象棋，他常用自己创造的瘦金体字题写的棋子来下棋。据说，宋徽宗在被金兵俘虏到北方时，也随身携带象棋。

南宋时期，经济文化得到空前发展，这一时期的象棋也成为寻常百姓的日常娱乐活动之一，在《事林广记》中有"白得先破黑起列炮取胜局、白饶先顺手取胜局"等象棋棋局的记载。后来，随着象棋活动的发展与繁盛，皇宫中出现了专门的象棋"棋待诏"一职，"棋待诏"是陪伴皇帝下棋的官职，官阶九品。在南宋周密《武林旧事》中，还留存了一份当时的"棋待诏"名单，在这份名单里还出现了一名女性象棋待诏，这应该是我国历史上第一位有记载的女性棋手。同时，民间也有称为"棋师"的专业者和专制象棋子和象棋盘的手工业者。凭借棋艺可以获得官职，出现专门的手工业者等现象也说明了象棋活动在南宋时期极为盛行。

中国传统的仁、义、礼、智、信、忠在象棋中得到很好的体现。下象棋的目的不在于赢棋，而在于下棋过程中的乐趣，就看哪一步可以力挽狂澜，哪一步可以妙手回春，点到为止，所以胜负显得就不那么重要了，这才是下棋的境界。

首先，中国象棋和国际象棋不同，"将""士"都不出九宫，"象"

不过河，只要前方将士擒住敌方将领即可，这种不为高官厚禄、勇往直前的精神正是我们国家的传统美德，也是"信"和对国家的"忠"。

其次，象棋中的"将"虽然没有多大作用，但是宁死不出九宫，"士"宁死也要在九宫保卫"将"的气节，都体现了"义"。

最后，象棋中的"将""士"不出九宫，在后方指挥作战，体现古代战争运筹帷幄的姿态。象棋不是拼蛮力，而是运用战术、策略来赢得胜利，讲究的是斗智。

（李　曼）

汝瓷碗

烟雨天青 泥火传奇

> 这件汝瓷碗虽朴素无华,却将宋代文雅之风凝结于器、釉之中,相隔千年,余韵恒久。

一只碗,陶器发明以来最实用的器型,在宋代艺匠手中,也要出落得赏心悦目。

这只藏于洛阳博物馆的宋代汝瓷碗,1978年出土于洛阳安乐。碗口微敞、深腹、小圈足,足底有3个细小支钉痕。胎质细腻,釉色豆青,表面开细碎冰裂纹。整体造型小巧优美,朴素雅致。

宋代瓷窑分布广泛,名窑众多,制瓷技术卓越。汝瓷创烧于北宋,烧制时间短,存世数量少,汝窑大约在北宋后期元祐至崇宁年间(1086—1106)的20年里为宫廷烧造御用瓷器。从目前所见汝瓷来看,可分为传世品和考古发现两类。

汝瓷碗

宋(960—1127)
口径13.1厘米,底径4.2厘米,高5.3厘米
1978年河南省洛阳市安乐出土

目前已知的汝窑传世品数量不过百件。主要藏于北京故宫博物院与台北故宫博物院及私人藏家手中。这些传世品质量极高，品相完美，多属于文房陈设，如纸槌瓶、玉壶春瓶、水仙盆、笔洗、盘、盏等。这些器型典雅、釉色莹润的优质品应是进贡宫廷的御用瓷器。

汝窑是宋代名窑传世品中最少的一个瓷窑，窑址的发现经历了半个世纪之久。河南宝丰清凉寺窑址被学界公认为汝窑窑址，宝丰在宋代属汝州管辖，故称汝窑。1950年，陶瓷专家陈万里先生首次考察宝丰清凉寺瓷窑址，直到2000年，河南省考古研究所对该遗址的第六次发掘，才找到汝窑烧造区，在该遗址的核心烧造区内，发掘出土了制瓷作坊和大量瓷片，汝瓷占全部出土瓷片的98%以上。传世品中的器类在窑址中均有发现，还出土了不少传世品中未见的新器型。总体来说，窑址内的器物以碗、盘、盆、盒、壶这样的日常用器为主。宝丰清凉寺窑址的发现，为传世汝窑的鉴定提供了可靠的依据，从地层学上确定了汝窑瓷器的烧造年代。

明清鉴藏家论及宋瓷，有所谓"汝、官、哥、定、钧——五大名窑"之说，明代收藏家王世懋在其《窥天外乘》中提到，"宋时窑器以汝州为第一，而京师自置官窑次之"。汝窑在明清文人心目中位居名窑之首，除了存世数量少，自有其不可替代的特色和魅力。

汝瓷之美，在于其轻灵。汝窑瓷器胎质细洁，胎体较薄，胎色呈浅灰、灰白，因其色调与香灰接近，俗称"香灰胎"。

汝窑之美，在于其色雅。最纯正的汝瓷釉色为天青色，有"雨过天晴云破处"之美誉。实际颜色有粉青、月白、豆青等不同色调。汝窑属青瓷系,青中偏蓝,加入了灰调,与越窑之"类冰似玉"、龙泉窑之青绿凛冽相比,多了一分温润内敛。

汝窑之美,在于其尚素。除自然开片外,没有任何多余的装饰,去繁从简,釉面匀净滋润。开片指的是瓷器釉面的裂纹,因胎、釉收缩率不同而在焙烧后的冷却中形成的,汝瓷开片细小如蝉翼。

宋代社会风气抑武修文,广开科举,优待文人,这样的环境造就了宋代较高的社会文化素质,艺术领域又迎来了美学高峰。书画、金石、工艺等门类在宋代发展成为中国古代文艺的典范。

洛阳是北宋西京,自然环境宜人,历史积淀丰厚,一些重要的北宋官僚和文人都在洛阳居住。北宋洛阳园林文化极盛,著名文学家李格非有《洛阳名园记》,是记述北宋私家园林的名作。瓷器在这些达官贵人的文房陈设、日常用器中扮演着重要角色。洛阳发现的宋代瓷器品类众多,涵盖中国南北著名窑系,亦有中原地区创烧的极富特色的瓷器产品。

汝窑至美的釉色和洗练古雅的造型深受文人士大夫的喜爱,烧造时间短,传世器物少,使汝瓷成为中国瓷器史上的传奇。

洛阳博物馆馆藏汝瓷碗虽朴素无华,在存世品中算不上惊艳,然细细品来,却将宋代文雅之风凝结于器、釉之中,相隔千年,余韵恒久。

(李思思)

王铎草书轴
全以力胜

> 王铎在墨法上敢于创新,笔法上极具变化之能事,形成自己独有的连绵激荡、大气磅礴、咄咄逼人之势。

我国历史悠久,朝代众多,历朝历代的事迹都是通过文字与绘画进行记录流传,其中中国字在基本形态上为方形,但在书写过程中通过对笔画的伸缩、扭动,来形成各种不同形态的艺术,从而形成中国书法艺术。

书法在历代都有发展,也都有各自不同的侧重。唐代盛行楷书、宋代喜行、明代喜草,到了清代文人墨客尤以篆隶为喜好。这也是因当时风气而形成,宋、元、明帖学盛行,清代碑学兴起,故到了清代受碑学影响而钟爱篆隶。今洛阳博物馆馆藏王铎草书轴亦是在这一时代背景下形成的。

清初的书坛,实际上被明代书风所垄断,清虽然消灭了明朝政权,但在文化上仍然是汉人固有的文化。当时的代表书家,仍然是明代遗民,王

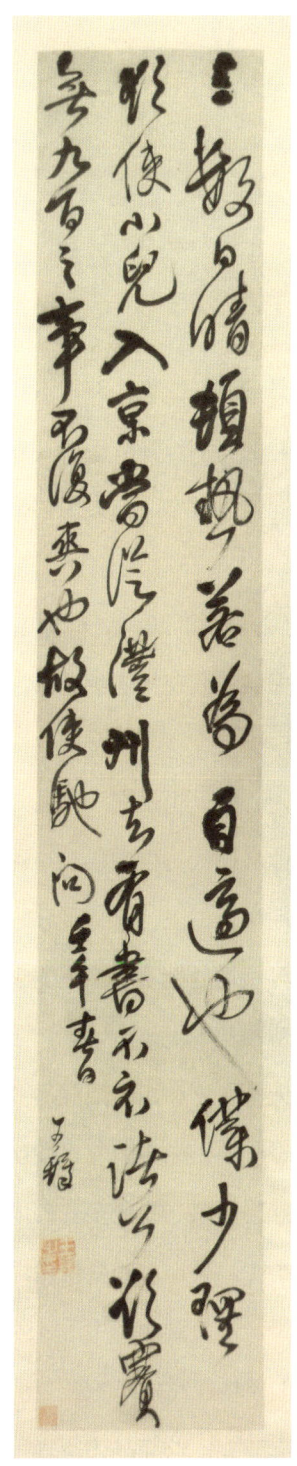

王铎草书轴

清（1616—1911）
长281厘米，宽53厘米

铎便是其佼佼者之一。

王铎（1592—1652），字觉斯，号痴庵、嵩樵，河南洛阳孟津人。明天启二年中进士，授翰林院庶吉士，礼部尚书。降清后授礼部尚书，可以说王铎生活在一个政权交替的年代，这使得其书法与太平盛世时期的书家作品的情调是完全不同的。

明末，政治上腐败，然学术、文艺却异常活跃，文人士大夫豪迈不羁，用学术文艺表达自己内心的不满，在书法上表现为连绵草书风气大盛，通过用笔解放自己，充满个性。

王铎虽对清不是十分厌恶，但在内心深处也是充满矛盾与痛苦，欣赏他的作品时，能够明显感觉到张弛。他从唐代的柳宗权、褚遂良至宋代的米芾都一一研究，博众人之所长，早期学习二王，笔势平和，行笔温润，后学习米芾，笔势硬挺，方折有力。可以说是继承了二王的秀逸灵动、米芾的潇洒，而铸以汉碑、颜体之浑厚劲峻。

王铎的作品注重造势，通过字形大小变化和用墨浓淡的变化来调整节奏，在单字中线条粗细变化不大，但在整幅作品中很容易发现粗线条与细线条，通过粗细线条的对比带来节奏感与美感。墨色多变，成片的涨墨与大片的枯墨形成强烈对比，产生独特个性。其作品的墨量由涨到湿，由湿到干，由干到枯，利用墨的浓、淡、干、湿使画面产生千丝万缕的变化，呈现出无穷韵味，进而增强书法作品的整体视觉效果。

洛阳博物馆馆藏的王铎草书轴，共53字，此作品为王铎草书之精品，很好地展示了其个人风貌。整体上看来，颇具特点，行笔流畅贯通，一气呵成，利用墨色变化，经营布局，给观者以苍劲老辣之感。仔细观察其字形，可发现在书写过程中，存在提、按变化，出入笔之分明显，行笔速度快。从作品中可以看到，例如："也""百"等字，入笔时方折起笔，以近似90度的直角顿笔入纸，下笔果断墨色重，笔画略粗，力度较大，出笔时略轻，笔画偏细，多为顺势送出。字形上，喜欢左倾或右倾，左右结构字体可发现左部分左倾，右部分右倾等特点。如："数""故""使"等字。墨色上的多变可通过远远观之，发现其在整体书写过程中对字体疏密结构的掌控，利用线条的收放，长短的变化，墨色的涨与枯来实现对整幅书法作品结构上的布局把控。

音律上有音符变化，快慢缓急；绘画上有经营位置，远近透视；书法则是利用字形上线条粗细、长短、墨色重淡等变化来经营，从而形成书法独有的抑扬顿挫，产生艺术美感，把原本简单的方块字变成具有独特个性的艺术作品。

清代的梁巘在《评书帖》中称王铎书"得执笔法，学南宫，苍老劲健"，同时，他又用"全以力胜"四字，画龙点睛般地指出了王铎书法总的风格。吴昌硕说："文安健笔蟠蛟螭，有明书法推第一"；林散之评价王铎为："自唐怀素后第一人"。王铎在墨法上敢于创新，笔法上极具变化之能事，形成自己独有的连绵激荡、大气磅礴、咄咄逼人之势。

（戴羽锋）